AF351399

HÉCTOR PÉREZ BRIGNOLI

LA REFORMA LIBERAL EN HONDURAS

ERANDIQUE
COLECCIÓN

LA REFORMA LIBERAL EN HONDURAS
HÉCTOR PÉREZ BRIGNOLI

©Colección Erandique

Supervisión Editorial: Óscar Flores López

Diseño de portada: Andrea Rodríguez

Administración: Tesla Rodas—Jessica Cordero

Director Ejecutivo: José Azcona Bocock

Primera Edición

Tegucigalpa, Honduras—Marzo 2026

ÍNDICE

Independencia, guerras civiles y supervivencias coloniales

La independencia latinoamericana, parece, vista desde una perspectiva de larga duración, más el resultado de un caprichoso y prematuro juego político, que el final de un proceso de evolución inexorable de las estructuras económicas y sociales. La crisis del imperio colonial español, acelerada en algunas áreas periféricas como Venezuela y el Río de la Plata, no estaba, en los primeros 25 años del siglo XIX, lo suficientemente madura como para originar nuevas estructuras económicas y sociales. La debilidad metropolitana, expresada a todas luces en la tragedia de 1808, y la influencia disgregadora de la agresiva economía industrial inglesa, facilitaron, y en más de un caso, provocaron las guerras de la independencia.

Sin embargo, no conviene simplificar demasiado, y atribuir a los factores externos un peso exclusivo. La agresividad revolucionaria de algunos grupos nacionales delineó en gran parte la trayectoria de las guerras de independencia: el caso peruano, boliviano, y en alguna medida de Chile y Ecuador.

En otros casos como México y Centroamérica, el miedo al liberalismo se combina con el temor de la insurrección indígena y mestiza, provocando una independencia que no es sino una "revolución desde arriba."

Las condiciones para el nacimiento de los nuevos Estados nacionales eran extremadamente difíciles. Ante todo carecían de una base económica apropiada: los productos de exportación eran limitados, y la economía industrial europea buscaba esencialmente mercados para la producción textil. Los países latinoamericanos no eran, en esa época, ni abastecedores de materias primas indispensables, ni tentadores mercados para la inversión de capital. Eran sí, consumidores de las manufacturas europeas. En el plano social y político, las consecuencias de esta situación se centraban en la debilidad y el conflicto entre las oligarquías productoras. Las guerras civiles que asolan casi todos los países latinoamericanos hasta los años 60 y 70 del siglo XIX responden en menor o mayor medida a conflictos entre distintos grupos oligárquicos, que tratan de asegurarse el control político del Estado, sin lograrlo ninguno a cabalidad. Estas luchas tienen, según los casos, matices regionales, expresan conflictos Inter oligárquicos o enfrentamientos más sutiles que tienden a presentarse bajo esa apariencia; y reflejan también intervenciones, más o menos visibles, de las grandes potencias, celosas guardianas de sus áreas de influencia económica y política. Un resultado final de estas luchas, visible cuando llega el momento de la estabilidad, es la constitución definitiva de los Estados nacionales: las grandes unidades del imperio colonial español se disgregan definitivamente: Nueva España y Guatemala, el Río de la Plata, Perú y la Nueva Granada.

En el panorama de guerras civiles y fragmentación de las antiguas unidades políticas, Brasil constituye una excepción: la independencia, sin mediar enfrentamientos militares, aparece más que todo como un acto administrativo. El Imperio asegura la legitimidad política, llenando la posibilidad de cualquier vacío de poder y el subsecuente enfrentamiento por él. En el ámbito económico, la plantación esclavista siguió funcionando igual que en la colonia. En el plano social y político, las transformaciones fueron escasas, y mucho menos espectaculares, pero ahorraron sangrientos enfrentamientos civiles.

Treinta o cuarenta años después de la independencia las supervivencias coloniales eran en algunos aspectos, muy marcadas: las estructuras económicas habían sufrido poca o ninguna modificación; las estructuras sociales manifestaban la misma polarización colonial. La masa de indígenas seguía tan ajena como antes a la participación política, y carecía de integración cultural. La aplicación de muchos principios liberales empeoró considerablemente su situación: la abolición de la propiedad comunal no es sino un ejemplo. En lo político las formas y el lenguaje republicano no ocultaban que el poder seguía estando en manos de unos pocos grupos oligárquicos.

La Iglesia conservaba todo el poder económico y político de la época colonial y, en más de un caso, era percibida como la representante por antonomasia del conservadurismo. La difusión del liberalismo estaba limitada a algunos sectores urbanos, y en los aspectos educativos y culturales, poca o ninguna transformación se había operado.

A.- Características generales de la Reforma Liberal en América Latina

1. La consolidación de las economías de exportación

Las modificaciones en la coyuntura económica mundial, alrededor de 1850, repercutieron decisivamente en los países latinoamericanos. Por un lado la revolución de los transportes ocasionó una baja secular de los fletes. Las innovaciones tecnológicas de la segunda revolución industrial ampliaron considerablemente la gama de materias primas demandadas, mientras que el mejoramiento del nivel de vida de los obreros europeos preparaba el consumo masivo de algunos productos como el café, el cacao o el banano. Por otro lado, el descubrimiento de oro en California y la consiguiente expansión del oeste norteamericano, insuflaron nueva vida a la economía del Pacífico. Las inversiones extranjeras canalizadas hacia la dotación del capital social básico (transporte y comunicaciones, bancos, sector comercial y financiero) hicieron su aparición sistemática. En algunos casos, como la economía minera y la de plantación, se orientaron también a la esfera de la producción.

El rápido crecimiento de las economías latinoamericanas como exportadoras de materias primas significa pues la integración a un nuevo sistema mundial de dominación, cuya hegemonía está en manos de los países industrializados: Inglaterra hasta la primera guerra mundial y los Estados Unidos en los años posteriores. En el plano social y político la integración de América Latina al mercado mundial se manifiesta particularmente en la llamada Reforma Liberal. Entre los años 1850 y 1900 los países latinoamericanos tratan de modificar sus estructuras sociales y políticas, "modernizándolas" al compás del progreso liberal del siglo XIX.

Sin embargo, este proceso de trasplante institucional e ideológico no dejó de presentar complicaciones y peculiaridades.

2. La unificación de los Estados Nacionales.

El modelo político de la Reforma Liberal es la democracia constitucional europea y norteamericana. Las bases sociales de sustentación de dicha reforma son los sectores oligárquicos vinculados a la exportación de materias primas. El objeto fundamental de las reformas era la modernización de las estructuras económicas y sociales con vistas a facilitar el desarrollo de las economías de exportación, atrayendo los capitales extranjeros, en algunos casos la mano de obra, y asegurando una cierta estabilidad política e institucional. La intensidad y la profundidad de las transformaciones de la Reforma Liberal dependieron básicamente de la capacidad y el dinamismo de los sectores oligárquicos que la promovieron para consolidarse en el poder económico y político, resistiendo las presiones de otros grupos oligárquicos (vinculados al mercado interno o a la exportación de productos menos importantes) y de las masas trabajadoras.

a) El modelo del Estado Liberal y su versión latinoamericana.

La Reforma Liberal modificó sustancialmente toda la legislación, reemplazando las viejas ordenaciones coloniales, que subsistían en muchos aspectos, en casi todos los países latinoamericanos. Globalmente, el nuevo orden fortaleció considerablemente los poderes del Estado a costa de la Iglesia y del fin de algunos privilegios provinciales o regionales. La secularización de las propiedades territoriales, la abolición de los diezmos y la creación del Registro Civil afectaron especialmente a la Iglesia, lo mismo que las leyes de educación pública. El enfrentamiento fue, en casi todos los casos, bastante agudo y desembocó en más de una guerra civil. Sin embargo, la reforma se impuso plenamente y las relaciones entre Iglesia y Estado pasaron a regirse por distintas formas de Concordato y en algunos casos se llegó a la separación total de ambas instituciones.

La supresión de las aduanas interiores afectó muchas veces intereses regionales, y se complementó con un reordenamiento de la recaudación fiscal en el mismo sentido: asegurar recursos económicos al Estado central.

En el plano jurídico nuevos códigos y constituciones, con marcada influencia europea y norteamericana, inauguraron la nueva legislación.

El poder judicial fue reorganizado y en algunos casos se trató de profesionalizar la administración pública. El poder ejecutivo siempre conservó amplios poderes, de acuerdo con un modelo republicano mucho más "presidencial" que "parlamentario". El legislativo se organizó con sistemas uni o bicamerales, según los casos.

La educación pública, promovida bajo el conocido lema "hay que educar al Soberano", se orientó según los principios del positivismo del siglo XIX. Las Universidades se dedicaron a la formación de profesionales liberales: abogados, médicos, ingenieros; las ciencias naturales y sociales recibieron un impulso mucho menor ya que la función primordial de la educación superior era la de proporcionar cuadros al sistema político, quedando la investigación científica en segundo plano.

El ejército fue, en muchos países, profesionalizado. La creación de colegios militares y navales y el servicio militar obligatorio se cuentan entre las innovaciones en este aspecto. La armada prusiana fue el modelo seguido en casi todos los países del continente.

El nuevo orden institucional, que en lo jurídico reproducía fielmente los modelos proporcionados por la democracia liberal europea y norteamericana, difirió profundamente en cambio en los mecanismos de participación. Los partidos políticos no eran tales en el sentido moderno del vocablo; se trataba más bien de facciones que seguían liderazgos e intereses personales. La plataforma ideológica era por lo general débil y ambigua, y en muchos casos tenía muy poco que ver con las acciones concretas. El calificativo de liberal o conservador entrañaba, a veces, muy pocas diferencias ideológicas verdaderas, y el cambio de bando seguía siendo, como en los tiempos de la independencia, cosa corriente. El fraude electoral, la corrupción, y los golpes de Estado siguieron siendo mecanismos usuales en la conquista del poder; los gobiernos dictatoriales dominaron largos años el panorama político. Lejos de una democratización que implicara una amplia participación política popular, la Reforma Liberal sentó las bases firmes de una República Oligárquica y aseguró con mecanismos autoritarios una cierta estabilidad política. "Orden y Progreso", "Paz y Administración", significaron también a veces una dura e implacable represión de los disidentes políticos y de los movimientos laborales que empezaban a gestarse. Estrada Cabrera es hijo tan legítimo de Rufino Barrios como Porfirio Díaz del México de la Reforma.

En el ámbito económico la nueva legislación aseguraba la propiedad privada y promovía la libre iniciativa individual. Las tierras fiscales fueron enajenadas y la confiscación de las propiedades de "manos muertas" (es decir, de conventos, cofradías, etc.) entrañó no sólo el pasaje a manos privadas de las tierras de la Iglesia sino también la abolición de las comunidades indígenas y el consiguiente proceso de proletarización. Con mayor o menor intensidad este proceso afectó a todos los países latinoamericanos. Las comunidades indígenas cedieron ante la violenta presión de las haciendas y tuvieron que ganar las tierras más altas y menos fértiles, o sencillamente desaparecer. Este proceso de desposesión violenta de los campesinos indígenas era condición indispensable para el desarrollo de la agricultura de exportación: proporcionar tierras fértiles y abundantes a los empresarios agrícolas asegurando al mismo tiempo la mano de obra necesaria para su explotación.

La intervención del Estado fue casi nula en lo que atañe a la producción, pero proporcionó un apoyo decisivo en la infraestructura básica: caminos y ferrocarriles, teléfonos, telégrafos y cables submarinos, obras sanitarias, puertos y en algunos casos la marina mercante. Esto no quiere decir que el Estado se convirtió en empresario, salvo alguna excepción en ferrocarriles; su colaboración se limitó a facilitar la entrada de capitales extranjeros y promover la constitución de empresas para tales actividades. En el aspecto financiero y bancario la intervención estatal se reduce a la acuñación de moneda; sin embargo, las relaciones suelen ser muy estrechas con entidades bancarias controladas por las oligarquías locales. Se proporcionarán también amplias facilidades para las sucursales de bancos extranjeros. El librecambio fue sin duda la política económica dominante; se expresó en legislaciones aduaneras que gravaban la importación con un criterio puramente fiscal, proporcionando facilidades inauditas a las importaciones de las compañías extranjeras, y promoviendo la exportación de bienes primarios. El proteccionismo a las industrias nacionales fue mínimo o inexistente, sólo fue efectivo en algunos casos como el del textil mexicano, en el cual pesaron intereses de larga data, que lograban presionar políticamente al Estado. De este modo, la destrucción de las actividades artesanales ocasionada por la libre importación de mercancías extranjeras no hizo sino profundizarse.

En algunos países, las nuevas actividades de exportación hicieron necesaria una activa política de inmigración para asegurar la mano de obra. La zona cafetalera de Brasil; Uruguay y Argentina, y en menor medida Costa Rica, recibieron masas de inmigrantes europeos. Algunos países del Pacífico, y en especial Perú, conocieron una intensa afluencia de culíes chinos; las costas continentales del Caribe, casi despobladas hasta entonces, atrajeron población negra de las Antillas, la única dispuesta a trabajar en la construcción de ferrocarriles y plantaciones en zonas de intenso calor.

b) Reajustes internos y externos: Guerras civiles y conflictos fronterizos.

La Reforma Liberal no significó el fin de los conflictos internos, pero sí, en la mayoría de los casos, una mayor estabilidad política.

Algunos grupos oligárquicos, vinculados al mercado interno o a las exportaciones menos importantes, lograron a veces acuerdos y alianzas con los sectores dominantes, lo que disminuyó los conflictos y aseguró la estabilidad política (es el caso de Brasil y Argentina después de los años ochenta). Pero los sectores que quedaron fuera de la alianza sufrieron una represión cada vez más dura, la más de las veces sangrienta.

Como la unificación nacional se hizo a costa del rompimiento de las antiguas unidades políticas coloniales, la delimitación de fronteras ocasionó fricciones considerables que se solucionaron con el arbitraje y la guerra. Esta última reflejó, no sólo el conflicto entre distintos grupos oligárquicos vinculados a la exportación sino también las presiones y los intereses del imperialismo naciente. Intereses de compañías rivales, pretensiones de potencias diferentes, se disfrazaban muchas veces con un nacionalismo exasperante que sólo resultó en el enfrentamiento fratricida e inútil. La guerra del Paraguay y la del Pacífico entre Perú y Chile, son los enfrentamientos más conocidos y también más sangrientos.

El intervencionismo extranjero fue desde la presión diplomática hasta la invasión lisa y llana, recurso favorito en el Caribe cuando los Estados Unidos profesaron la política del Big Stick y aún bastante más cerca de nuestros días. Muchos Estados se debatieron en la imposibilidad de resistir las presiones, y como Colombia se vieron obligados a aceptar el cercenamiento territorial, o la concesión de islas, bases y puntos estratégicos.

La creciente influencia norteamericana al sur del río Grande encontró algunos obstáculos diplomáticos provenientes de países con mayor influencia británica, como Argentina y Brasil. No es sino a mediados del siglo XX que se consolida, y no por mucho tiempo, una Organización de Estados Americanos que materializa un panamericanismo según la visión y los intereses de los Estados Unidos. En fecha tan temprana como 1890, al finalizar la primera conferencia panamericana, el delegado argentino, y futuro Presidente, Roque Sáenz Peña, opuso al lema de Monroe "América para los Americanos", y el de "América para la Humanidad", y abrió así un debate que aún no está concluido.

3. Aspectos culturales e ideológicos

El liberalismo reinó, casi absoluto, en la conciencia de los ilustrados de la época, y como hemos dicho impregnó totalmente la educación. Sin embargo, conviene señalar que para muchos actores de la escena política las cosas no eran muy claras y seguían más fielmente el caudillismo de los líderes que los principios ideológicos. Por esto la distinción tajante entre liberales y conservadores puede ser engañosa. Muchas reformas decisivas fueron efectuadas por gobiernos conservadores, como los de Bulnes y Montt en Chile y García Moreno en Ecuador, mientras que muchos liberales no dudaron en asumir los principios de la reacción conservadora, según convino a sus intereses. Un ropaje ideológico prestado sirvió pues muy mal para expresar los conflictos interoligárquicos y más de una vez empañó considerablemente su clara interpretación.

La unificación nacional hizo indispensable, más allá de la adopción de banderas, himnos y escudos, el surgimiento de una historia y una conciencia nacional que sirviera de vínculo y justificación de la unidad. Hacia fines del siglo se escriben, con ese objetivo, los primeros manuales de historia patria para uso escolar. El esquema allí planteado era más o menos el siguiente: la nacionalidad parte de la Independencia, que se convierte de paso en la reivindicadora del pasado precolombino; el yugo español toma fin para dar paso a una verdadera soberanía, pero trata de resurgir durante la anarquía y las guerras civiles de los años treinta a cincuenta; Rosas, Carrera o Santa Anna pasaron así a encarnar la reacción y el pasado colonial; la Reforma Liberal por fin, significa el comienzo del progreso infinito y definitivo. Esta visión del pasado, puramente política, convirtió la historia en un conflicto entre buenos y malos, y mistificó por razones ideológicas procesos muy complicados como el de la Independencia y las guerras civiles. También dio lugar a que se escribiera una historia conservadora o una historia liberal, según el partido del que lo hacía, y que las hagiografías biográficas estuvieran a la orden del día.

La preocupación incansable de algunos grandes historiadores influenciados por el positivismo hizo que se fueran organizando los archivos nacionales, que se principiara a ordenar la documentación oficial y a recoger alguna privada. La creación de las oficinas de estadística y la realización de los primeros censos también contribuyeron a proporcionar las bases para un conocimiento de la realidad, más científico y menos apasionado.

En el plano cultural la literatura latinoamericana adquirió relieve internacional. El modernismo, del que Rubén Darío fue el más alto representante, fue la primera corriente literaria típicamente americana. En las artes plásticas y musicales, en la filosofía y la ciencia los resultados fueron casi siempre mediocres. Era algo natural en sociedades que todavía buscaban su identidad espiritual y que resentían, como en el plano económico y político, una considerable dependencia cultural.

B.- La Reforma Liberal en Honduras

1. Introducción

El colapso de la Federación Centroamericana en 1839 significó una violenta reacción conservadora ante el liberalismo de Morazán o Mariano Gálvez. El separatismo político se consolidó definitivamente y Rafael Carrera, gobernante omnipotente de Guatemala, se las arregló para influir, mediante intrigas diplomáticas y golpes de Estado, en los destinos de Honduras y El Salvador. En 1871 Miguel García Granados y Justo Rufino Barrios encabezan la Revolución Liberal en Guatemala. [1]

Gobernando dictatorialmente Barrios desarrollará un programa de reformas institucionales y económicas bastante radicales: secularización de las propiedades de la Iglesia, promoción del cultivo del café, etc. Su influencia provocará la Reforma Liberal en Honduras y El Salvador. La revolución de 1871 se consideró heredera legítima de la de 1829. Como lo afirma Ramón Rosa, su tarea fundamental era completar en lo social y en lo económico la revolución política encabezada por Morazán[2].

Sin embargo, en una perspectiva de larga duración, el proceso no es tan sencillo. En los años 1840, el gobierno conservador y autoritario de

Braulio Carrillo consolidará en Costa Rica una economía cafetalera de exportación, efectuando buena parte de un programa clásico de Reforma Liberal[3]. En los treinta años que transcurren entre la disolución de la Federación y la revolución de 1871, los comerciantes ingleses siguen penetrando en los circuitos mercantiles centroamericanos, y se prepara el camino para las inversiones directas. La cuestión del canal por Nicaragua y del ferrocarril interoceánico sensibilizó poderosos intereses económicos y diplomáticos. Desde el tratado Clayton-Bulwer en 1850 la presencia norteamericana se afirma considerablemente en la región y no faltaron intentos de anexión directa como el de William Walker en los años 50. La contrata para la construcción del ferrocarril interoceánico, firmada inicialmente por Cabañas en 1853, cobró nuevo interés en 1866, cuando el presidente Medina, no precisamente un liberal, dio plenos poderes a Víctor Herrán y Carlos Gutiérrez para, por cuenta del gobierno, efectuar los empréstitos necesarios para su construcción. Lo inédito de la revolución guatemalteca en 1871 no es tanto la novedad de su programa político o económico (en rigor, casi todas sus reformas habían figurado ya programáticamente en la frustrada Federación Centroamericana) cuanto la decisión de apoyar el surgimiento de una economía cafetalera, en medio de una coyuntura crítica para los colorantes como el añil y la grana. La nueva estructura económica, basada en las exportaciones de café, proporcionará así a la república liberal, una sólida base social.

2. Las dificultades de la economía de exportación

En el momento de la Independencia la economía hondureña producía básicamente para la subsistencia. Las actividades de exportación incluían la minería, especialmente en la zona de Tegucigalpa, y que no lograba reponerse de una decadencia secular; en la costa norte cortes de madera, en su mayor parte clandestinos; en Olancho y el sur una ganadería que se comercializaba en Guatemala, San Salvador o Nicaragua, o por mar en la ruta de La Habana; en los llanos de Copán las actividades tabacaleras. A lo largo del siglo XIX, ninguna de estas actividades logró desarrollar una economía de exportación de importancia.

Entre los obstáculos para ello cabe mencionar, en primer término, el problema de las comunicaciones y el transporte. Una geografía difícil, que no ofrecía ríos navegables, obligaba a utilizar el transporte a lomo de mula, imposibilitando la integración entre las diferentes regiones. Sólo en los litorales Atlántico y Pacífico la situación se tornaba más favorable, pero lejos de propender al desarrollo regional equilibrado, esta situación agudizó los conflictos e intereses contradictorios. La costa norte, con el paulatino desenvolvimiento de los cortes de madera, se integra mucho más a Belice y la economía inglesa del Caribe, que al resto del país. Era una situación que se perfilaba desde fines del siglo XVIII y que se acrecentará notablemente con la instalación de las compañías fruteras a fines del XIX. Por otra parte, casi todo el comercio de importación, y en menor medida el de exportación, se efectuaba por Omoa y Trujillo. Es un comercio de cabotaje, de pequeñas balandras y goletas que vinculan estos puertos a Belice, y eventualmente La Habana. Esto da idea de su reducida importancia.

El costo de los transportes impedía decididamente la exportación agrícola y la ganadera se circunscribía al ganado en pie, y en menor medida los cueros.

Las guerras civiles, con su secuela de destrucción se unieron a las dificultades geográficas. Las "pacificaciones" significaron casi siempre arrasar con bienes y ganados, si se lograban salvar acaso las vidas humanas. Texiguat en 1844 y Olancho en 1856 son sólo ejemplo conocido de esto.

La minería, tropezaba con los rendimientos decrecientes y una técnica absolutamente rudimentaria. Fue, de todos modos, la única actividad de exportación de la zona central.

En medio de este panorama, el programa económico de la Reforma Liberal intentó atacar los obstáculos fundamentales. Si el éxito fue muy relativo debe atribuirse básicamente a condiciones geográficas absolutamente desfavorables.

El problema de las comunicaciones fue motivo de preocupación esencial. Tres meses después del ascenso al poder, en noviembre de 1876, Ramón Rosa se dirigía a los Gobernadores Políticos recomendándoles "conservar, reparar y mejorar los caminos públicos". (Documento No. 9)

La gestión de Marco Aurelio Soto construyó gran parte de la carretera del Sur, que sería terminada en los años ochenta durante la presidencia de Bográn. Bajo este último se construyeron también los caminos de Tegucigalpa a Yuscarán y Santa Bárbara. Durante la administración Soto se inició el tendido de las líneas telegráficas y se organizó el servicio de correos. El logro más importante en el plano de las comunicaciones fue sin duda el ferrocarril entre Cortés y Pimienta, que reconstruido funcionó por primera vez en 1877[4].

El fomento de las actividades agrícolas fue decidido (Decreto del 29 de abril de 1877, Documento 3). La apropiación privada de tierras se generalizó[5] y los agricultores lograron exenciones impositivas y militares. Las exenciones militares fueron extensivas a los trabajadores permanentes (art. 11) a condición de un registro de matrícula (art. 12) que aparece como una coerción indirecta para asegurar mano de obra a los agricultores. Resulta interesante el apoyo gubernativo al cultivo del café (Documento 8), a imitación sin duda de lo ocurrido en Guatemala y Costa Rica, y las esperanzas puestas en él como futuro eje de las actividades de exportación[6].

Durante el gobierno de Marco Aurelio Soto se constituyó la primera sociedad anónima y hubo todo el apoyo oficial para las actividades mineras, que comenzaron a reactivarse[7]. En 1880 inició sus actividades la Rosario Mining Co., realizando las explotaciones mineras dentro de las modalidades típicas de la economía de enclave y la estrategia de la gran empresa capitalista[8]. Los intereses mineros no parecen haber sido ajenos al traslado de la capital de la república a Tegucigalpa, en 1880.

En el aspecto monetario y fiscal, la administración Soto estableció la Casa de Moneda procediendo a una reforma monetaria (Documento 7), y fiscal (Documento 6). La reorganización fiscal buscaba asegurar recursos al Estado sin entorpecer la expansión de la producción. En este sentido, el reordenamiento de las recaudaciones es perfectamente coherente con la abolición de los diezmos (Documento 4) ya que "la industria agrícola que empieza a desarrollarse en el país se ve atacada directamente por el gravamen antieconómico del diezmo". En suma, en la política económica de la Reforma Liberal hondureña, no faltó ninguna de las preocupaciones clásicas: obras de infraestructura, fomento de la agricultura, y las actividades de exportación, librecambio, apertura a los capitales extranjeros, e inclusive a la inmigración (Documento 7). Más adelante estudiaremos las causas de su relativo fracaso.

3. La Reforma política e institucional

La renovación de la legislación fue planteada prioritariamente, ya que "la legislación vigente en el país, en su mayor parte compuesta de las antiguas leyes españolas, es incompatible con las instituciones fundamentales que en lo político ha dado la República y opone graves y trascendentales obstáculos al desarrollo de los intereses económicos del país..." (Documento 2). El gobierno de Marco Aurelio Soto dictó los Códigos Civil, Penal, Militar, de Comercio, de Minería, de Procedimientos y Aduanas, así como también la Ley de Tribunales, de Organización Militar y la Ordenanza Militar. La legislación Soto muestra una marcada influencia chilena, como por otra parte sucedió en muchos países latinoamericanos. Los Códigos fueron reformados en 1898 y 1906 y con esas reformas siguen en vigencia hasta hoy. En algunos de los códigos modificados se notó una fuerte inspiración en la legislación liberal española.

Pero nuevas leyes no significaron la rápida implantación y funcionamiento de un nuevo sistema político. Ni la estructura del poder, ni los mecanismos de participación estaban a tono con la moderna legislación liberal. No existió, como en casi todos los países latinoamericanos, un sólido poder oligárquico, respaldado en la rápida expansión de las actividades de exportación, y el fracaso de la política de promoción de la agricultura dificultó la posibilidad de una consolidación posterior. En los conflictos políticos las solidaridades de linaje se confundían con el "caudillismo" y las presiones extranjeras. En Honduras no existían partidos políticos, en el sentido moderno de la palabra. (Documento 11). Paulino Valladares, agudo observador de la escena política, escribía en 1918:

"…No hemos tenido en la República agrupaciones debidamente organizadas, con carácter perdurable, impersonales y sujetas a un programa definido. Por momentos, por relámpagos, se concentran las colectividades bajo una bandera determinada, pero luego viene la promiscuidad, cuando el reparto de los empleos comienza y el grito de las rivalidades toca la voz de alarma"[9].

Cuarenta años después, los anhelos de Ramón Rosa expresados en su carta a Enrique Gutiérrez, esperaban aún su cumplimiento.

Los mecanismos electorales eran más los de una farsa que los de un acto político. Enrique Guzmán, que presenció la elección presidencial de 1902 anota en su diario íntimo lo siguiente:

"Octubre 27: Desde el domingo empezó a representarse aquí la vieja, pesada y grotesca farsa que los centroamericanos llaman 'elección presidencial'. El resultado ya lo sabíamos todos hace tiempo. Me admira el ver cómo hay todavía personas serias que toman participación en semejantes comedias…"[10]

Como lo indicamos antes, la peculiaridad de la Reforma Liberal en Honduras, comparándola al resto de América Latina, estriba no en el incumplimiento de las leyes electorales o en la ausencia de partidos políticos organizados, sino más bien en la falta de estabilidad política. La lucha entre facciones, las continuas contiendas civiles, no llegarán a su fin hasta la subida al poder de Tiburcio Carías Andino en 1933. Sin la base de un sólido poder oligárquico la Reforma Liberal, en su aspecto institucional, no resulta más que en anhelos y promesas. Estas debilidades facilitaron el intervencionismo extranjero. Marco Aurelio Soto fue puesto en el poder por Justo Rufino Barrios y se aleja de él, en 1883, ante desinteligencias con el dictador guatemalteco. Y esto se repite, con algunas variantes, hasta bien entrado el siglo XX. El 11 de diciembre de 1903, el ex-presidente Policarpo Bonilla, en una entrevista con Roberto Motz manifestaba, entre otras cosas:

"Se me dirá que Soto y Bográn despotizaron a Honduras en paz, pero no se me negará que lo hicieron apoyados por poderosos gobiernos vecinos, o mejor dicho, subyugados a ellos, lo que no creo quiera hacer el General Bonilla, ni las circunstancias son las mismas para lograrlo. No creo que el General Bonilla quiera hacer perder a Honduras la ventajosa posición que adquirió desde el triunfo de la revolución liberal de 1894: ser árbitro de la paz de Centroamérica en vez de miserable Estado tributario..."[11]

Estas frases de Policarpo Bonilla no eran más que buenas intenciones, en las que ni él mismo creía. En marzo de 1907 escribía:

"No pretendemos echarlas de profeta; pero estamos convencidos de que el gobierno de Manuel Bonilla no resistirá el empuje formidable de la revolución y recibirá el justo castigo por su traición. No le servirá para sostenerse la intervención del gobierno salvadoreño porque para rechazar sus ejércitos bastarán los de Nicaragua. Esperamos que en un próximo porvenir quedará justificada nuestra previsión"[12].

La entrada en escena de las compañías bananeras no hizo sino agudizar el problema del intervencionismo externo. Ahora fueron los intereses de la United Fruit Co., de la Standard Fruit Co. o de la Cuyamel y sus subsidiarias, los que se enrolaban en uno u otro bando político, en el afán de obtener garantías y concesiones para el negocio bananero. A ello se sumó la intervención norteamericana. Las conferencias del Tacoma, entre febrero y marzo de 1911, son un ejemplo suficientemente ilustrativo[13].

4. Los aspectos ideológicos y culturales de la Reforma

El liberalismo del siglo XIX inspiró y orientó la Reforma Liberal. Ya hemos visto como las ideas iban mucho más lejos que las realizaciones; esto se debía, en parte, al carácter que tenía la ideología prestada, de cuerpo doctrinario originado en otras realidades sociales y políticas: las del mundo industrial. Los fracasos y las desilusiones frente a un modelo difícil de alcanzar hacen que muchas frases suenen más que todo a grotesco. La confianza en que se entraba en un progreso infinito y definitivo; la visión del libre comercio y de la libre iniciativa individual como fuente de armonía y paz universal; la idea de lucha a muerte entre la "Civilización" y la "Barbarie"; contrastan con la miseria, la explotación, el fraude electoral, las brechas insalvables con los avances del mundo industrial que no se cubren con un supuesto progreso lineal.

La imitación ideológica era una consecuencia más, y sumamente complicada, de la dependencia estructural originada en la integración latinoamericana al mercado mundial.

Como liberal ferviente y esclarecido, la figura de Ramón Rosa es, en Honduras, la más importante. Su discurso en la apertura de la Universidad Central (1882) (Documento 12) contiene aspectos que interesa particularmente subrayar: la defensa de las ciencias experimentales y del método positivo frente a la teología y la metafísica; el sentido de la educación pública y obligatoria, su fe en que es el único medio de combatir la barbarie y de formar ciudadanos útiles; la confianza casi lírica en los Estados Unidos, en vísperas de la política del "big stick". Su visión del futuro, sus esperanzas y anhelos no fueron ni más atrevidos ni menos amplios que los de cualquier liberal convencido como Sarmiento o Lastarria. El espejismo del progreso lo cegó en la percepción del imperialismo.

Pero la claridad de la posición ideológica, nítida en un Rosa o en un Adolfo Zúñiga, se opaca rápidamente al estudiar el personal propiamente político. El mismo Rosa afirmaba que no creía en conservadores o liberales "al estilo hondureño"[14] y al comentar el asesinato de Guardiola dice no sin amargura:

"…A la verdad, que yo entendería hoy más las ciencias ocultas que la ciencia política de los partidos de Centroamérica. A la tolerancia se le da el nombre de servilismo, y el palo es, para muchos, el símbolo de la libertad…"[15]

Muchos años después, la situación no varía:

"…Por la adopción de los principios, todos son aquí liberales; pero según conviene, hoy combaten los hombres con una divisa y mañana con otra. Todos han sido colorados ayer y hoy azules, y así seguirán, alternándose, en la prolongación indefinida del tiempo"[16].

En el plano cultural la administración de Marco Aurelio Soto promovió la educación pública, reorganizando la enseñanza primaria, secundaria y universitaria. (Documento 5 y 12). Creó el Archivo y la Biblioteca Nacional, encargando de su organización al Presbítero Antonio R. Vallejo y la Dirección General de Estadística a cargo de Francisco Cruz. En 1881 se efectuó el primer censo nacional, y en 1887 el segundo. La publicación en 1892 del Primer Anuario Estadístico, realizada por Antonio Vallejo marca el punto de partida de las estadísticas oficiales, que desgraciadamente no siempre se publicaron con la continuidad necesaria. En noviembre de 1877 se inició la publicación de "La Paz", Periódico General, el primero en Honduras, fuera del diario oficial "La Gaceta", editado por el grupo liberal de Soto y Rosa, bajo la dirección de Adolfo Zúñiga. En los años siguientes se agregaron otros periódicos, como "El Orden", "La República" y "Honduras Industrial". La prensa política e informativa acababa de nacer. En 1882, cumpliendo con un encargo gubernamental de 1878, el Padre Vallejo publicó la "Historia Social y Política de Honduras", destinada a texto escolar, complementándola al año siguiente con la edición de "Documentos justificativos". Era la primera obra en su género, y cumplió cabalmente con la necesidad de disponer de una "historia nacional".

5. Conclusiones: La Reforma inconclusa

Hacia fines del siglo XIX una cosa era evidente: La Reforma Liberal no había provocado, en Honduras, el surgimiento de una sociedad moderna en perspectivas de progreso. Los intentos de transformación se habían, en gran parte, frustrado. Hagamos un breve balance de la situación.

La estructura económica. La promoción de la agricultura dio, en el caso del café, escasos resultados. Las previsiones de Ramón Rosa (Documento 8) no se cumplen, posiblemente a causa del costo y la dificultad de los transportes internos. El ferrocarril interoceánico no llega más allá de Pimienta y recién entre 1916 y 1919 fue prolongado hasta Potrerillos; quedará limitado a la costa norte, como los ferrocarriles instalados por las compañías bananeras. Las dificultades técnicas y financieras fueron, en la construcción de caminos, insalvables. Con razón escribía en 1877 el editorialista de "La Paz":

"La topografía en Honduras, que ha recibido todas las bendiciones de la naturaleza, porque puede producir los frutos de todos los climas, es otro inconveniente, es otra rémora de nuestro progreso... Un camino pedestre o de herradura medianamente practicable, es cosa difícil, muy difícil: una carretera es una empresa verdaderamente de romanos. Nosotros acabamos de decir y con sobrada razón, que no desearíamos otra gloria para el gobierno actual, que la apertura de unas pocas leguas de camino carretero, que nos ponga en comunicación con el Pacífico"[17].

El costo de los fletes hace naufragar cualquier intento de desarrollo de la agricultura o la ganadería de exportación. En 1878 el costo de una res era en Sonaguera de $ 25; en Cuba, teniendo en cuenta la mortalidad durante el viaje (Se trataba de ganado en pie) se elevaba a $ 48,75[18].

Estas dificultades hicieron que sólo las actividades mineras y las fruteras (en la costa norte), tuvieran oportunidad de tomar alguna amplitud, como permite evaluarlo la estadística de exportaciones de los años fiscales de 1887-88 y 1888-89:

En 1887-88 la Rosario Mining Co. exportó minerales, básicamente plata, por un valor de $1.516.887,50, es decir 45,3% del valor total de lo exportado[19]. Hacia fines del siglo XIX, con la aparición de las compañías bananeras y el desplazamiento de los productores locales, prácticamente todas las actividades de exportación quedan en manos de poderosas sociedades extranjeras. El enclave minero y bananero se convierte entonces en modalidad típica de la integración hondureña al mercado mundial, y lo que llama la atención, comparando la situación con el contexto latinoamericano, es que el enclave sea prácticamente exclusivo, ya que no coexiste con actividades de exportación en manos de productores nacionales[20].

La estructura social. Las clases propietarias, al fracasar en el desarrollo de una economía de exportación controlada por los productores nacionales, se vieron restringidas a la producción para el mercado interno y a algunas exportaciones al mercado centroamericano como el ganado y el tabaco. No se constituyó como en Guatemala o El Salvador una sólida oligarquía cafetalera. Esto incidió en que fuera de la costa norte continuaran predominando las actividades artesanales y una agricultura de subsistencia. La estructura social manifestó así fuertes contrastes regionales. El desarrollo urbano fue lento y recibió muy pocos incentivos de la economía de exportación[21].

La estructura política. La ausencia de un sólido poder oligárquico originó un Estado débil, sometido continuamente a presiones de intereses extranjeros y a la lucha de las facciones internas. Veinte años después de su inicio la Reforma Liberal permanecía inconclusa y lo siguió estando por mucho tiempo todavía.

VALOR DE LAS EXPORTACIONES EN 1887—88

Productos	Valor	% Del total exportado
Vegetales	$1,221,716.22	36.5
Animales	$ 367,374.52	10.9
Minerales	$1,673,449.32	49.9
Oro y Plata acuñada	$ 78,853.90	2.3
Artículos manufacturados*	$ 9,265.95	0.3
Total	$3,350,664.91	

*Sombreros y puros

VEGETALES Y MINERALES (DETALLE)

Productos	Valor	% del total exportado
Añil	$ 78,645	2.3
Bananas	$ 866,714	25.9
Café	$ 16,322	0.5
Cocos	$ 110,231	3.3
Plata en barras	$ 1,583,035	47.2

Fuente: Informe correspondiente al año económico 1887-1888 presentado a la Secretaría de Estado en el Despacho de Hacienda por Roque J. Muñoz, Director General de Rentas. Tegucigalpa, Tipografía Nacional 1888. Anexos folio 27

VALOR DE LAS EXPORTACIONES EN 1888-89

Productos	Valor	% del total exportado
Añil	85,677	2.1
Bananas	979,498	23.8
Café	110,843	2.7
Cocos	14,568	3.5
Vacunos	241,848	5.8
Plata Acuñada	465,823	11.3
Plata en pasta	1,739,783	42.3
Otros	339,301	8.5
Total	4,108,453	

Fuente: Primera anuario estadístico 1889

Notas

<hr>

[1] Sobre la Reforma Liberal en Guatemala, Cf. Mariano ZECEÑA, La Revolución de 1871 y sus caudillos, Guatemala, 1957 (la edición 1898). Marco A. VILLAMAR, "Apuntes sobre la Reforma Liberal", Revista Economía, Universidad de San Carlos, N.28, Abril—junio de 1971. Jorge M. GARCIA LAGUARDIA, La Reforma Liberal en Guatemala, Guatemala, 1972.

[2] Sobre la Reforma Liberal en Guatemala, Cf. Mariano ZECEÑA, La Revolución de 1871 y sus caudillos, Guatemala, 1957 (la edición 1898). Marco A. VILLAMAR, "Apuntes sobre la Reforma Liberal", Revista Economía, Universidad de San Carlos, N.28, Abril—junio de 1971. Jorge M. GARCIA LAGUARDIA, La Reforma Liberal en Guatemala, Guatemala, 1972.

[3] Cf. Rodrigo FACIO, Estudio sobre Economía Costarricense (Reedición Editorial Costa Rica, San José, 1972.) p.39 y sig.

[4] El documento N. 7 da cuenta de los trabajos de reparación. Referencias al mismo asunto se encuentran en varios números de La Gaceta y del periódico La Paz. En el N.9 de La Paz, correspondiente a enero 1878, se describe el arribo de la locomotora a San Pedro Sula y su recibimiento por el Gobernador Político, General Bográn. En el número 8 del mismo periódico apareció el poema "La locomotiva" firmado por Carlos A. Salaverry, que finalizaba así:

"¡Terrestre Leviatán! ¡Vuela! ¡Devora!
Con tu ala de vapor azota al viento
Lleva a la noche el rayo de la aurora
I al hombre esclavizado el pensamiento!"

En San Pedro Sula circuló la siguiente hoja suelta, reproducida en el mismo periódico La Paz (No.6):

"¡Adelante!"

Después de cuatro años de atraso, ha vuelto hoi el silvido de la locomotora a despertar a San Pedro de su letargo. Tenemos ya unido, definitivamente unido nuestro pueblo con el Océano por medio de un ferrocarril de más de 56 millas. ¡Loada sea la administración progresista del Señor Soto!

Nosotros apreciamos a los gobiernos por lo que hacen i no por lo que prometen.

El desierto nos mata. ¡El desierto solo es bueno para las fieras i los salvajes! Poblar es gobernar. Acortar las distancias es gobernar. El vapor i la electricidad acortan ya nuestras enormes distancias. La inmigración poblará nuestros desiertos. Ayudemos al gobierno en esa grande empresa.

¡Adelante! ¡Adelante!

Hagamos guerra a la guerra. Paz i Progreso es nuestra divisa. ¡Al trabajo compañeros! El trabajo es la virtud i produce bienestar! Qué mueran los politiqueros! ¡Que vivan los trabajadores! ¡Unamos nuestros gritos de entusiasmo al silvido de la locomotora!

Unos Sampedranos

San Pedro, Diciembre 8 de 1877."

[5] Esto puede verse a través del registro de títulos de propiedad de la tierra. Cf. Héctor PEREZ BRIGNOLI, "Economía y Sociedad en Honduras en el siglo XIX". De próxima aparición en Estudios Sociales Centroamericanos.

[6] En La Gaceta y La Paz hay múltiples referencias a la agricultura, con indicaciones de tipo práctico destinadas a los cultivadores. A partir del No.16 de La Paz (5 de mayo de 1878) comenzó a publicarse "Ligeros apuntes sobre el cultivo del café por el Lic. Don Quirino Escalón, salvadoreño", y se multiplicaron los artículos de este tipo referidos también al cacao, la zarzaparrilla, etc.

[7] Se trataba de la "Sociedad Agrícola i Comercial de la Costa del Norte" con asiento en Juticalpa, constituida el 20 de noviembre de 1877. Las bases de la sociedad y su aprobación por el gobierno aparecen en La Paz, No.4 (Diciembre 9 de 1877). Se suceden desde entonces editoriales de apoyo a las sociedades anónimas y se publica la constitución de varias sociedades mineras.

[8] Sobre la Rosario Mining Co. Cf. Julio LOZANO DIAZ, La Industria Minera en Honduras protegida por el Estado, Washington, 1938.

[9] El montoncito en la mesa, El Cronista, junio 14 de 1918. Reproducido en Paulino Valladares, el pensador y su mundo, Selección de Ramón Oquelí. Editorial Nuevo Continente, Tegucigalpa, 1973. p.131.

[10] Enrique GUZMAN, Diario Íntimo. Revista Conservadora No.27, Managua, Diciembre de 1962.

[11] Aro SANSO, Policarpo Bonilla, Apuntes biográficos. México, 1936. p.507—508.

[12] Ibidem, p.516

[13] El intervencionismo norteamericano directo se había iniciado en 1906 con los tratados firmados a bordo del Marblehead y la guerra de 1907. Cf. los incisivos comentarios de Paulino Valladares en Paulino Valladares, Cit. p.167 y sig. (Este texto se reproduce como fuente No.20 en De la Sociedad Colonial a la crisis del 30). Editorial Nuevo Continente, Tegucigalpa, 1973.

[14] Cf. Ramón ROSA, Constitución Social de Honduras, en Oro de Honduras, Cit. tomo 1, p.141. Este texto de 1880 es una buena síntesis de las reformas liberales y de las ideas de Rosa en ese sentido.

[15] Oro de Honduras, Cit. tomo 1, p.30

[16] Paulino Valladares, Cit. p.136

[17] La Paz, No.6, Diciembre 23 de 1877

[18] La Paz, Nos. 11 y 12, editorial sobre Política Ganadera.

[19] Informe correspondiente al año económico 1887—1888 presentado a la Secretaría de Estado en el despacho de Hacienda por Roque J. Muñoz, Director General de Rentas. Tegucigalpa, 1888, p. XXII.

[20] Sobre el enclave bananero, Cf. Edelberto TORRES RIVAS, Interpretación del desarrollo social centroamericano, San José, 1971. p.90 y sig. Vilma LAINEZ— Víctor MEZA, "El enclave bananero en la historia de Honduras", vde próxima aparición en Estudios Sociales Centroamericanos. Una obra d sumo interés testimonial en la Ch. KEPNER — J.H. SOOTHILL, el Imperio del Banano, de la que existen varios ediciones en español.

[21] Sobre la estructura social en esta época, Cf. Héctor PEREZ BRIGNOLI, artículo cit.

NOTA BIBLIOGRAFICA SOBRE LA REFORMA LIBERAL EN AMERICA LATINA

Una excelente visión de conjunto se encuentra en Tulio HALPERINDONGHI, Historia contemporánea de América Latina, Alianza Editorial Madrid, 1969; así como también en Stanley y Bárbara STEIN, La herencia colonial de América Latina, Siglo XXI, México, 1970. En el aspecto interpretativo muchas de las hipótesis que se han utilizado pertenecen a CARDOSO—FALETTO, Dependencia y desarrollo en América Latina, Siglo XXI, México, 1969. Sobre México no podemos dejar de citar el estudio de Francisco LOPEZ CAMARA, Estructura Económica y Social de México en la época de la Reforma, Siglo XXI, México, 1967, desgraciadamente no hay equivalentes de esta obra para otros países del continente.

Documentos sobre la Reforma Liberal en Honduras

Decretos y Acuerdos

Decreto de Inauguración del Gobierno Provisional del Doctor Marco Aurelio Soto

Marco Aurelio Soto,

proclamado por los pueblos de Honduras Presidente Provisional de la República, y llamado al ejercicio del Gobierno Supremo por Decreto de 21 del corriente.

CONSIDERANDO: que los pueblos de Honduras, en actas y representaciones me han proclamado Presidente Provisional de la República.

CONSIDERANDO: que el ex—Gobernante provisional, General Don José María Medina, se ha adherido al voto espontáneo de los pueblos, llamándome al ejercicio del Poder Ejecutivo en su Manifiesto de 18 del corriente y en Decreto de 21 del mismo mes; y

CONSIDERANDO: que los más vitales intereses de los hondureños hacen necesario el establecimiento de un nuevo Gobierno que asegure, con firmeza la paz de la República, y promueve su bienestar y progreso;

POR TANTO,

DECRETA:

Artículo 1o.—Acepto el poder que me confiere la voluntad de mis conciudadanos, y en consecuencia asumo, desde hoy, el Gobierno provisional de la República.

Artículo 2o.—Organizo el Gobierno provisional nombrando Secretario General del Despacho, al Señor Licenciado Don Ramón Rosa, hondureño de reconocida ilustración y patriotismo.

Artículo 3o.—El Gobierno ejercerá las facultades discrecionales que sean necesarias para mantener el orden público.

Artículo 4o.—Oportunamente el Gobierno convocará a los pueblos para que elijan la persona que, de un modo definitivo y constitucional, deba encargarse de la Presidencia de la República.

Artículo 5o.—El Gobierno llama a los hondureños que, por motivos políticos permanezcan, en la actualidad fuera de su patria, y les ofrece seguridad y protección.

Dado en el puerto de Amapala, a veintisiete de Agosto de mil ochocientos setenta y seis.

MARCO A. SOTO

El Secretario General

Ramón Rosa.

Los Códigos de la Republica

Secretaría General del Gobierno Provisional. —La Paz, Abril 26 de 1877.

CONSIDERANDO: que la legislación vigente en el país, en su mayor parte compuesta de las antiguas leyes españolas, es incompatible con las instituciones fundamentales que en lo político se ha dado la República.

CONSIDERANDO: que la enunciada legislación no sólo es contraria a la índole del sistema republicano, sino que, muy particularmente opone graves y trascendentales obstáculos al desarrollo de los intereses económicos del país que deben ser objeto de la atención preferente del Gobierno; y

CONSIDERANDO: Que es de reconocida conveniencia, y si se quiere, hasta de decoro nacional sustituir la incoherente, arbitraria y antieconómica legislación que hoy rige con leyes acordes con las necesidades e intereses peculiares del país, basadas en los principios de la ciencia moderna, y codificadas de una manera clara y metódica;

POR TANTO,

el Presidente Provisional

ACUERDA:

Que la Secretaría General quede desde luego autorizada para tomar las providencias conducentes a obtener los Códigos más notables en materia Civil, Penal, de Enjuiciamiento Civil y Criminal, de Minería y de Comercio; y que tan pronto como se obtengan los escritos y Códigos de que se ha hecho mérito, los que servirán de base a la redacción de los Códigos patrios, se nombren las comisiones de Jurisconsultos que fueren necesarias, con el objeto de que se encarguen de redactar, en el menor tiempo posible, los Códigos de la República.

COMUNIQUESE Y REGISTRESE.

Rubricado por el Señor Presidente

ROSA.

Decreto para Fomentar la Agricultura

MARCO AURELIO SOTO, Presidente Provisional de la República de Honduras.

CONSIDERANDO: que la riqueza del país puede tener fácil y considerable aumento con el desarrollo de la agricultura, único ramo de industria que, por ahora, está llamado a asegurar la prosperidad de la República.

CONSIDERANDO: que el comercio mientras carezca de productos agrícolas destinados a la exportación, permanecerá estacionario, y las más veces, en estado de verdadera decadencia, en atención a que se sostiene de una manera artificial proporcionando el consumo improductivo de mercaderías extranjeras, sin tener en compensación los consumos reproductivos que puede y debe dar la industria agrícola.

CONSIDERANDO: que el país abunda en terrenos propios para el cultivo del café, de la caña de azúcar, del jiquilite y del cacao, artículos que tienen mucha estimación y demanda en los mercados extranjeros, y cuya producción es fácil y económica debido a las concesiones de terrenos que el Gobierno puede hacer a los particulares, y a la baratura del trabajo de los jornaleros, circunstancias que no implican para los agricultores la necesidad de invertir en sus empresas grandes cantidades.

CONSIDERANDO: que los pueblos por falta de empresas agrícolas no encuentran una ocupación constante y productiva que los apegue a los hábitos de orden, de trabajo y de ahorro, agentes de moralidad práctica y de verdadera civilización; y

CONSIDERANDO: que el Gobierno, en justo aprecio a tan vitales y manifiestos intereses, debe dictar con liberalidad todas las medidas que conduzcan al positivo fomento de la agricultura;

POR TANTO,

DECRETA:

Artículo 1o.—Los empresarios de industria que se propongan formar fincas de café, caña de azúcar, jiquilite o cacao, en terrenos de propiedad nacional, los solicitarán del Gobierno en extensión proporcionada a la importancia de sus empresas, y el Gobierno les dará en propiedad dichos terrenos, expidiéndoles gratis sus correspondientes títulos.

Artículo 2o.—Cuando en los terrenos en que los empresarios de industria se propongan cultivar cualquiera de los artículos indicados, fueren de propiedad comunal o ejidos de los pueblos, y estuvieren incultos o sólo sirvieren para siembras temporales, en este caso, las Municipalidades tendrán la precisa obligación de vender por su justo precio los referidos terrenos a los agricultores, o de dárselos a censo, si es que no optaren por verificar la venta.

Artículo 3o.—Los particulares que hubieren obtenido en propiedad terrenos nacionales o a censo tierras comunales o de ejidos, y que en el término de un año no emprendieren sus trabajos agrícolas; o en cualquier tiempo hicieren de ellos completo abandono, perderán sus derechos adquiridos, recobrando respectivamente el Gobierno y las Municipalidades los terrenos dados en propiedad o a censo.

Artículo 4o.—Para los efectos de esta ley deben considerarse como agricultores los individuos que en un solo cuerpo de terreno, o sea una extensión continua formalmente cercada o zanjada, cultiven por lo menos cinco manzanas de café, diez de caña de azúcar, ocho de jiquilite o igual número de cacao. La extensión de cada manzana será de diez mil varas cuadradas.

Artículo 5o.—Los Gobernadores Políticos, en sus respectivos Departamentos, formarán registros en que inscriban a todos los individuos que, según las prescripciones de esta ley, deban considerarse como agricultores; y cada seis meses remitirán al Gobierno, por el órgano del Ministerio de Fomento, un estado que exprese el número y condiciones especiales de los agricultores inscritos, la cantidad de terrenos que cultivan, y las clases y calidades de sus siembras o plantaciones.

Artículo 7o.—Los agricultores estarán exentos del servicio militar y de los cargos concejiles.

Artículo 8o.—Estarán libres de pagar derechos de introducción y de depósito por las herramientas, maquinarias y materiales para construcción de casas de campo que importen para sus fincas por los diferentes puertos de la República. Se concede igual exención de pago de derechos de introducción y de depósitos por toda clase de abonos, de semillas y vástagos que introduzcan con el objeto especial de emplearlos por sí en el cultivo de sus fincas.

Artículo 9o.—Los agricultores en sus fincas estarán exentos de pagar derecho de destazo de las reses que beneficien para proporcionar la manutención de los trabajadores, y obtener por este medio una economía en el pago de jornales.

Artículo 10.—Los Gobernadores Políticos darán órdenes e instrucciones a los Gobernadores de círculo, a las Municipalidades y las comisiones que tengan por conveniente nombrar, para que, en cada pueblo, formen un conocimiento completo de los individuos aptos para el servicio de jornaleros; y en vista de dicho conocimiento, los Gobernadores Políticos y de círculo, las Municipalidades y Alcaldes auxiliares proporcionarán eficazmente a los agricultores el número de jornaleros que necesiten para el sostenimiento de los trabajos de sus fincas.

Artículo 11. —Los trabajadores que sean colonos de una finca, o jornaleros de permanencia diaria y constante en ella, podrán ser exceptuados por el Gobierno al servicio militar ordinario y de las cargas concejiles, entendiéndose que dicha exención se hará del número de colonos y jornaleros permanentes que sea necesario para el mantenimiento de los trabajos de una finca.

Artículo 12. —Los agricultores pedirán a las autoridades locales, y éstas deberán extender las matrículas en que conste ser colonos o trabajadores permanentes de las fincas los individuos que tengan esa cualidad; pues el requisito de la matrícula es indispensable para que dichos trabajadores tengan un comprobante, en virtud del cual, el Gobierno pueda acordarles las exenciones de que trata el artículo anterior.

Artículo 13. —Es deber especial de los Gobernadores políticos, de los Gobernadores de círculo, de los Jueces de Paz, Alcaldes municipales y auxiliares atender a que los trabajadores sean pagados puntualmente y a la vez, obligar a éstos a que trabajen por todo el tiempo estipulado, al precio justo y corriente establecido, y a que descuenten, con exactitud, las cantidades que como adelantos o habilitaciones hubieren recibido de los agricultores a cuenta de trabajo.

Artículo 14.—Los Gobernadores Políticos darán órdenes e instrucciones a las Municipalidades para que, con fondos municipales, con los auxilios que proporcione la Gobernación Departamental, y con los que reciban directamente del Gobierno, hagan en los terrenos que sean propios para el cultivo del café y del cacao, almácigos suficientes, que se distribuirán entre los vecinos pobres que posean terrenos, a efecto de que formen individualmente, o en asociaciones, fincas capaces de darles un patrimonio.

Artículo 15. —El café, el azúcar o mascabado, el añil y el cacao estarán completamente libres de todo impuesto relativo a su exportación.

Artículo 16. —El Gobierno toma la industria agrícola bajo su especial protección, y los agricultores podrán dirigirle las solicitudes que les ocurran, en casos particulares no previstos por esta ley, en la confianza de que serán resueltas con la mayor liberalidad, acordándoles el Gobierno todos los beneficios que sean compatibles con la justicia y con los límites de sus atribuciones administrativas.

Artículo 17. —Al individuo o sociedad que en el país, con fondos propios o con capitales extranjeros, funde un Banco Agrícola, se acordará los mayores privilegios conducentes a favorecer y ensanchar el establecimiento de tan importante institución.

Artículo 18. —Las garantías y ventajas que proporciona esta ley, en beneficio de la industria agrícola, son comunes a nacionales y extranjeros.

Artículo 19. —Reglamentos especiales desarrollarán los artículos de esta ley de fomento que requieran disposiciones reglamentarias, para que su práctica sea completamente expedita.

Artículo 20. —La presente ley surtirá sus efectos durante nueve años, término prorrogable si el Gobierno lo estimare conveniente.

Artículo 21. —Quedan derogadas todas las leyes de fomento de la agricultura y las demás disposiciones legislativas y administrativas, en la parte que se opongan a lo prescrito en este Decreto.

Dado en la ciudad de La Paz, a los 29 días del mes de Abril de 1877. —MARCO A. SOTO. —El Secretario General, Ramón Rosa. —Por disposición del Señor Presidente Provisional, imprímase y publíquese. —Rosa.

Decreto sobre Abolición de los Diezmos

MARCO AURELIO SOTO

PRESIDENTE CONSTITUCIONAL DE LA REPUBLICA

CONSIDERANDO: que todos los pueblos de la República por medio de sus municipios han presentado actas en que piden la abolición del diezmo, por ser una contribución injusta, desigual y odiosa en los procedimientos que se emplean para hacerla efectiva:

CONSIDERANDO: que la contribución decimal pesa, casi exclusivamente, sobre la clase pobre del pueblo, clase menesterosa que demanda del Gobierno protección y amparo:

CONSIDERANDO: que la industria agrícola, que empieza a desarrollarse en el país, se ve atacada directamente por el gravamen antieconómico del diezmo:

CONSIDERANDO: que continuar cobrando el diezmo sería dar ocasión a nuevas y mayores arbitrariedades de los diezmeros y a públicas perturbaciones en los pueblos, sin que de tal situación la Iglesia reporte ventaja alguna; y

CONSIDERANDO: que es deber del Gobierno disponer todo lo que conduzca al bienestar y tranquilidad de los pueblos y a la conservación del orden público; y al mismo tiempo, cooperar al sostenimiento del culto nacional, como se ha verificado en otros países en que se ha sustituido el diezmo por una pensión o renta que el Erario satisface a la Iglesia; por tanto,

DECRETA:

Art. 1o.—La contribución decimal se sustituye por una renta que el Gobierno pagará a la Iglesia para el decente sostenimiento del culto.

Art. 2o.—Para determinar dicha renta y la manera de efectuar su pago, el Gobierno se entenderá con el Ilustrísimo Señor Obispo y el Cabildo Eclesiástico.

Art. 3o.—En consecuencia, queda abolido el diezmo en la República y derogadas las leyes de la materia.

Dado en Tegucigalpa, a los treinta días del mes de Enero de mil ochocientos sesenta y nueve.

MARCO A. SOTO

El Secretario General,

Ramón Rosa

Documento No. 5

Memorias Institucionales

Memoria de Instrucción Pública
(1879)

Honorables Señores Diputados:

INSTRUIR es formar buenos ciudadanos para la República, y es crear elementos de progreso para los pueblos. La instrucción es el alma de las sociedades que revelan, en la esfera de los hechos, las instituciones de los países libres: la instrucción es también la fuente impalpable, pero viva, de la prosperidad y cultura de las naciones. El Gobierno, apreciando en su justo valor estas verdades, ha hecho cuanto ha estado a su alcance para sostener, mejorar y difundir la instrucción pública. Voy a presentaros un breve informe sobre el carácter y resultados de sus trabajos.

Estado de las escuelas de primera enseñanza
en el año transcurrido desde Agosto de 76 hasta Julio de 77.

La mano cruel de la anarquía, que nada respeta, que todo lo destruye, en 1876 dio en tierra con las escuelas primarias y demás establecimientos de enseñanza. Los maestros de escuela, obreros pacíficos de la civilización, sólo pueden cumplir su alto ministerio bajo los auspicios de la tranquilidad pública. No es, pues, extraño que, en la época a que me he referido, las escuelas hayan estado desiertas.

Constituido el Gobierno en la Capital, una de sus primeras medidas fue la de prevenir, por medio de una circular, a los Gobernadores Políticos de los Departamentos, que tomasen todo empeño en restablecer las escuelas de primera enseñanza.

Debido a la acción administrativa y al interés de los particulares, se logró en el año de 77 abrir 274 escuelas primarias de niños, con 9,123 alumnos. Para el sostenimiento de las escuelas los Municipios erogaron la suma de $ 30,178-3/4 centavos, y el Gobierno, en subvenciones, la suma de......$4,441.52-3/4 centavos. (Anexo A.)

Estado de las escuelas de primera enseñanza
en 1878.

El estado de la enseñanza primaria en el año próximo anterior es satisfactorio, comparado con la situación del 77. El número de escuelas de niños ha ascendido a 309; con 10,978 alumnos: el de escuelas de niñas se ha elevado a 55, con 2,098 alumnas. Los Municipios han gastado en sostener esos establecimientos la suma de $ 39.560.78-3/4 centavos, y el Gobierno, en subvenciones, ha erogado la suma de $ 5,841.2-3/4 centavos. Comparada esta situación con la del año de 77 no puede menos de notarse un aumento considerable en el número de las escuelas y en los gastos invertidos en la instrucción primaria. (Anexo B.)

El Gobierno conceptúa que es deficiente el número de escuelas, y cree que es de alta conveniencia elevarlo cuanto más sea posible a fin de que los beneficios de la instrucción primaria alcancen, sin excepción, a toda la juventud hondureña. Para esto, la escuela primaria debe ser obligatoria y gratuita, y extender su enseñanza por doquiera: sólo de esta suerte podrá contarse en todos los pueblos con verdaderos ciudadanos: únicamente merecen el nombre de tales los individuos que, poseyendo por lo menos la instrucción primaria, son capaces de comprender y practicar las elevadas cuanto difíciles instituciones de la República. Ensanchar la instrucción, difundirla sin reserva, es una de nuestras necesidades más ingentes.

Yo veo los pasados triunfos del caudillaje, que han causado la ruina y el descrédito del país, como una consecuencia legítima de la ignorancia de los pueblos. Que estos se instruyan, y entonces el caudillaje disociador y rapaz, no encontrará el menor eco en Honduras. Los pueblos, ilustrada su inteligencia con sanas ideas, e inspirado su corazón en enseñanzas morales, siempre darán la espalda al desorden, a la anarquía, y sólo estarán de frente prestando su concurso a los poderes representantes de la legalidad, de la honradez y del trabajo. Al Gobierno no le ha sido dado, en medio de las dificultades que ha traído consigo la reorganización del país, llenar sus aspiraciones con respecto al desarrollo de la instrucción primaria; pero reconstruidos como están los principales intereses de la Nación, tiene el propósito de sistema la enseñanza primaria, de atenderla con recursos suficientes, y de hacerla eficazmente gratuita y obligatoria en todos los pueblos de la República.

Mas no basta que haya escuela en todas las localidades; se necesita además que los encargados de la enseñanza tengan la moralidad y las aptitudes que se requieran para que sus funciones sean fructuosas. Este objeto puede lograrse creando escuelas normales de donde puedan salir maestros moralizados y competentes. El Gobierno ha procurado establecer una escuela normal de cada sexo en las poblaciones principales de los Departamentos. Al efecto la Secretaría de Instrucción Pública dirigió una circular a los Gobernadores políticos, excitando por su medio a las Municipalidades para que cooperasen al sostenimiento de las enunciadas escuelas. Los Municipios están dispuestos a contribuir con buena voluntad, pero los fondos con que coadyuvan no son suficientes para realizar el fin que se tiene en mira. Sin renunciar al propósito de fundar escuelas normales en los Departamentos, el Gobierno tratará por de pronto de establecer dos escuelas centrales para dar principio a la formación de maestros idóneos. (Anexo C.)

Por los datos que os he presentado se ve que es reducidísimo, el número de escuelas de niñas. Aquí, como en los demás países de origen español, se ha tenido como asunto muy secundario la instrucción de la mujer; su educación se ha descuidado casi por completo, y nosotros tenemos de ello un testimonio elocuentísimo. En esta ciudad, una de las más importantes del país, aunque mal sistematizada, ha habido instrucción primaria, secundaria, y aún universitaria para los jóvenes y sin embargo, antes de la actual administración, no había para la mujer, ni una escuela

de enseñanza primaria. Removiendo graves dificultades se ha empezado a reparar, en lo posible, tamaña injusticia: se ha comenzado a atender a la instrucción de la mujer por medio del establecimiento de enseñanza primaria y secundaria. Para el Gobierno la educación de la mujer es de la más grande trascendencia social, y lo anima el propósito de hacer que los establecimientos de enseñanza para el bello sexo, sean tan numerosos y bien sistematizados como los que corresponden a la enseñanza de los jóvenes. La mujer es la maestra del hogar, y el Estado debe proporcionarle medios para que cumpla dignamente su santa y elevada misión.

Segunda Enseñanza

La segunda enseñanza, que debe ocupar un puesto muy importante en la instrucción pública, era casi nula bajo el régimen que encontró planteado el actual Gobierno. Algunas nociones de latín y metafísica, de inglés o francés, y de matemáticas puras, he aquí lo que constituía la segunda enseñanza. Como esta era muy limitada en sus materias, y muy teórica debido al sistema adoptado, la consecuencia legítima ha sido la de que los jóvenes obtenían sus títulos de bachilleres en ciencias sin poseer una instrucción sólida y variada, y sin que esta pudiese serles útil en los distintos usos de la vida práctica.

El Gobierno ha juzgado la segunda enseñanza bajo otro punto de vista; desde el punto de vista positivo y útil. Sobre esta base, en el año anterior, fundó un Colegio de enseñanza secundaria, previniendo el aprendizaje de ciencias y artes de utilidad práctica, ampliando notablemente las materias de enseñanza, y fijando estrictas reglas para el buen régimen del establecimiento y para la concesión de grados literarios. El Colegio Nacional tiene un cuerpo completo de profesores: estos proporcionan la enseñanza de las materias del primer curso a 76 alumnos. (Anexo D.)

El Colegio de San Carlos, que en la ciudad de Santa Rosa proporciona la segunda enseñanza, continúa dando satisfactorios resultados. Cada día toma más proporciones y promete mayores beneficios. En 1877 el Gobierno gastó en ese establecimiento la suma de $ 3.405.23 1/4

El Gobierno tiene la idea de promover el establecimiento de Colegios de segunda enseñanza en las principales poblaciones de los Departamentos, y de sujetar a un mismo plan de estudios los Colegios establecidos y que en lo sucesivo se establezcan.

Enseñanza Profesional

La Universidad Nacional, que tiene el mérito indisputable de haber formado en sus aulas a muchos hondureños distinguidos en el Foro y en la Iglesia, requiere que se introduzcan en su sistema de enseñanza, radicales innovaciones. En la Universidad sólo ha podido obtenerse el aprendizaje del Derecho y de materias eclesiásticas. De su seno sólo han salido Abogados y Clérigos. Es indispensable que la enseñanza universitaria sea más amplia, más variada y práctica: es indispensable que en la Universidad se aprendan las ciencias sociales en toda su extensión, las ciencias médicas y las ciencias prácticas aplicables a la industria, que tienen por base los conocimientos físico–matemáticos.

Se ha dado comienzo a la reforma en la enseñanza profesional, estableciendo un curso preparatorio para realizar con éxito la transición a los estudios prácticos en las ciencias de utilidades positivas. El Gobierno se propone proporcionar recursos a la Universidad, y alistar un cuerpo de profesores competentes para llevar a cabo, por medio de una ley, la reglamentación del nuevo plan de estudios que reclama la enseñanza profesional. (Anexo E.)

Escuelas y Colegio de Señoritas

Para atender a la enseñanza elemental del bello sexo, el Gobierno, el 13 de Diciembre de 77, creó en esta ciudad, una escuela destinada a ese objeto, la que cuenta con 79 alumnas: con igual fin, en la Villa de Concepción, que tiene 38 alumnas. En ambos establecimientos se da gratuitamente y bajo un buen sistema, la enseñanza primaria.

Para la enseñanza en grado superior, se ha establecido un Colegio Nacional de Señoritas regulado por el sistema americano, y servido por profesoras extranjeras. Hay en el Colegio Nacional 37 alumnas, y en la actualidad se enseñan las materias correspondientes al segundo curso. (Anexo F.)

Escuela de Bellas Artes

Por acuerdo de 15 de Abril de 1878 se estableció una escuela de Bellas Artes, en la que se dan actualmente las clases de dibujo y pintura. Durante el día concurren a la escuela 32 alumnos, y 35 por la noche; entre los alumnos figuran algunos artesanos, que es indudable perfeccionarán sus oficios con el aprendizaje que hagan del dibujo lineal. (Anexo G.)

Tal es, Señores Diputados, el cuadro fiel que representa el estado de la Instrucción Pública en sus variados e importantes ramos. Fomentar la difusión de las luces es uno de los objetos más nobles que pueden tener vuestras sabias resoluciones.

Tegucigalpa, Marzo 20 de 1879.

Documento No. 6

Memoria de Hacienda, Crédito Público y Guerra

Honorables Señores Diputados:

VOY a ocuparme en el presente informe de relacionaros los trabajos habidos en los Departamentos de Hacienda, Crédito Público y Guerra.

Aduanas

Han continuado rigiendo, para el cobro de derechos en las aduanas, las leyes arancelarias emitidas en el año de 1875. A este respecto se han hecho muy pocas modificaciones.

Estaba establecido que un tanto por ciento de los derechos pagaderos en las aduanas se satisficiese en papeles de la deuda interior que por lo común, se cotizaban en el mercado del 5 al 10 por ciento. Notándose que este sistema de amortizar la deuda sólo beneficiaba a un reducido número de comerciantes, y no a los acreedores que sacrificaban sus papeles de crédito vendiéndolos a aquellos a un precio ínfimo, y observándose, por otra parte, que con tal sistema, el Erario se veía privado de sus recursos que podrían destinarse más tarde a una amortización general y justa de la deuda; por estas consideraciones, se emitió el decreto de 12 de Septiembre de 1876 en que se previene que los derechos sobre importación, exportación, & se paguen, en su totalidad, en moneda efectiva.

Con la medida expuesta, en el fondo, el Gobierno no aumentó los derechos, pues la Hacienda Pública recibía los papeles de crédito contra el Estado, no por el pequeño valor en que se cotizaban, sino por el valor intrínseco que les diera la ley. A esto debe agregarse que para compensar al comercio la falta de sus ventajas en compra de papeles para el pago de derechos, éstos se le rebajaron en un 15 por ciento en los años de 76 y 77, y posteriormente, por negociaciones efectuadas con el Fisco se han admitido en las aduanas, en pago de derechos, papeles de la deuda interior. En consecuencia, la innovación introducida por el decreto de 12 de Septiembre de 76, ni ha aumentado los derechos, ni ha perjudicado los intereses del comercio, y sí ha procurado efectivos recursos al Erario.

Por acuerdo de 28 de Noviembre de 1877 se estableció que desde 1o. de Enero de 78 se pagase por el término de dos años un 10 por ciento sobre los derechos de introducción para hacer frente a los muchos gastos que ha habido y hay en el Departamento de Fomento. El 10 por ciento aumentado, hasta el 31 de Julio del año anterior, produjo la pequeña suma de $ 5,483.69 1/2 centavos. Esta subvención tan módica nada significa comparado con las subvenciones de guerra que pesaban directamente sobre el capital, con los empréstitos forzosos, y con los servicios gratuitos y forzados que se exigían a los pueblos, contribuciones que han arruinado, en particular las fortunas de los pequeños capitalistas, y que el actual Gobierno suprimió, en absoluto, desde su aparecimiento en Amapala, emitiendo al efecto el decreto de 28 de agosto de 1876.

En 3 de Enero de 1878 se decretó el pago de un 50 por ciento más sobre el total de los derechos causados por la importación de licores; pero en cambio se suprimió el impuesto de patente que antes se pagaba por las ventas de licores ultramarinos. Así es que el decreto de 3 de Enero expedientando el negocio en la venta de licores, no hizo más que cambiar favorablemente la manera de satisfacer los derechos.

El impuesto que sobre la exportación de plata en pasta fijó el decreto de 9 de Septiembre de 1868, fue minorado en decreto de 26 de Octubre de 76, dando al marco de plata el aforo de $7 en vez de $8 que antes tenía.

A pesar de no haberse introducido, como queda expuesto, modificaciones sustanciales en las leyes arancelarias de las aduanas, para que estas produjesen mayores rendimientos, según los estados de la Tesorería general, en el año económico de 1877 en que empezaron a restablecerse los negocios, los derechos de importación y bodegaje produjeron $ 199,653.40–3/8 centavos, y en el año de 1878, $ 289,237.42–1/8 centavos. Resulta en la renta de aduanas, en el año de 78, un aumento de $ 89,584.02 centavos, como podréis verlo en el cuadro comparativo de productos de 77 y 78 que, sobre la base de los estados de la Tesorería General que ha formado el Tenedor de Libros del Gobierno. (Anexo A.)

El aumento obtenido en los productos de las aduanas se debe, indudablemente, a la paz que ha ensanchado las transacciones comerciales, y a la mayor diligencia que ha habido en la administración pública.

Las leyes arancelarias que rigen adolecen graves defectos que redundan en perjuicio de la renta, y además se oponen mucho al progreso de ésta los tradicionales abusos que se cometen por el contrabando, particularmente, en los puertos y desembarcaderos de la extensa costa del Norte. El Gobierno cree que no es obra de poco momento desarraigar los inveterados vicios del contrabando, ni perfeccionar, como es debido, los reglamentos arancelarios, de cuyo difíciles y complicados en su ejecución. No obstante, el Gobierno, guiado por la experiencia que hoy tiene sobre tales asuntos, escogerá los medios más oportunos para anular el contrabando y reformar los aranceles de aduanas. A este respecto, vosotros, con vuestro acertado criterio, podéis dar o indicar al Ejecutivo las medidas que juzguéis más adoptables y convenientes.

Renta de Aguardiente

El sistema de remates estaba establecido para la venta de aguardiente del país, y por la venta de licores ultramarinos se pagaba un derecho de patente, por año, cuyo valor era de $25 hasta $200. La renta de aguardiente y licores ultramarinos, según los datos que ha sido dado recoger, producía de $50 a $60,000 al año.

Conceptuando el Gobierno que la renta de aguardiente podía aumentarse de un modo muy considerable, bajo un sistema en que, sin perjudicar a los productores del artículo, tuviesen iniciativa y acción constante los empleados de Hacienda, que eran pasivos en absoluto bajo el sistema de remates; tomando por base esa idea, en 1o. de Diciembre de 1876, se emitió una ley orgánica del ramo de aguardiente, dando a éste una administración especial: la nueva ley estableció que el Gobierno comprase el aguardiente al productor, dejándole buena utilidad: que el Gobierno vendiese el artículo a los patentados, obteniendo ganancia, siendo éstos los vendedores del aguardiente, a los consumidores: la ley previno, además que en todos los casos en que no hubieren patentados el Gobierno vendería el aguardiente por su cuenta directa, por medio de sus agentes. Esta prescripción de la ley es la que está en práctica, ya por haber habido patentados en algunos lugares ya por ser muy reducido su número en otros. Las prescripciones de la ley, relativas al precio fijo de 12 centavos por botella en que se compra el aguardiente, y al pago de derechos de patente para la venta por mayor y menor de licores ultramarinos han sido sustituidas por las disposiciones en que se previene que los cañeros de algunos Departamentos vendan por turno el aguardiente, siendo aceptado el más barato, y en que se suprime el impuesto de patente por la venta de licores ultramarinos, reemplazándolo con un 50 por ciento sobre los derechos de importación de licores extranjeros.

La inactividad del interés individual ha hecho que en muchos Departamentos no haya el aguardiente necesario para el consumo, lo que ha causado contratiempos y considerables pérdidas al Erario. A pesar de esta circunstancia, y de estar ensayándose el nuevo sistema, se han obtenido los resultados siguientes: en siete meses de nueva administración del ramo, en el año económico de 77 hubo un movimiento general de ingresos y egresos de la renta de $ 96,398.73— 3/4 centavos, y un producto líquido de $ 74,735.73—3/4 centavos; y en el año económico de 78 hubo un movimiento general de ingresos y egresos de $245.279.96 1/2 centavos y un producto líquido de $ 186,315.3—5/8 centavos.

Para que se forme una idea más completa de la situación y últimos progresos del ramo de aguardiente os presento, además, la cuenta de sus ingresos, egresos y productos líquidos en los años civiles de 1877 y 1878.

En 77 el movimiento general de ingresos y egresos fue de $ 197,125.473/4 centavos y el producto líquido $ 101,334.72—3/8 centavos: en 78 el movimiento general de ingresos y egresos fue de $270,395.50—3/8 centavos y el producto líquido de $147,086.12 3/8 centavos. En favor de la renta, en el año próximo pasado, comparado con el de 77, resulta el movimiento general de ingresos y egresos, un aumento de $ 73.270.2—5/8 centavos y en los productos líquidos un aumento de $ 45,751.40 centavos (Anexo B.)

Proveyendo de aguardiente a todos los Departamentos, que en muchos pueblos desurtidos, desplegando más acción administrativa, y haciendo una persecución más eficaz al contrabando, es de calcularse, en vista del aumento obtenido por la renta en el año de 78, que en el año corriente puede lograrse un producto líquido de $ 200,000, y en el año próximo entrante de $ 250,000, que es el rendimiento anual y ordinario que conceptúo debe dar la renta de aguardiente.

El Gobierno tiene la convicción fundada en el estudio que ha hecho de las peculiaridades del país, de que el sistema de que la venta de aguardiente se haga por cuenta directa del Estado, es el que más favorece a los intereses fiscales y aun a los intereses de los productores del artículo que lo realizan bajo condiciones seguras y ventajosas, sin encontrar los tropiezos y eventualidades que ofrece la pluralidad de monopolios particulares. Los sistemas de patentes y de remates serían aceptables si hubiese iniciativa y espíritu de empresa que los hiciese productivos, y si a la vez, estuviesen menos arraigados de lo que están, los hábitos de contrabando, que en muchos casos los empresarios fomentan, y que cuando éste no sucede, son impotentes para resistirlos, teniendo, en cambio de su buena fe, la ruina de su negocio.

Conocido ya en la práctica el sistema que, por ahora, se adapta a la mejor organización de la renta de aguardiente, lo único que resta al Gobierno es reformar la ley de 1o. de diciembre de 76, amoldando todas sus disposiciones al único principio de que la venta de aguardiente del país se haga por cuenta directa del Estado. En consonancia con la ley reformada, para complementarla, deben emitirse las disposiciones reglamentarias que corresponde. La renta de aguardiente es de gran porvenir, y el Gobierno pondrá todos los medios que estén a su alcance para darle una completa y definitiva organización.

Renta de Tabaco

Grande irregularidad había en la administración de la renta de tabaco: en unos departamentos era libre la venta de este artículo, y en otros estaba sujeta a contratas con el Fisco: los agricultores pagaban el impuesto de $16 por la siembra de cada 8,000 matas.

El 15, de Marzo de 1877 el Gobierno emitió una ley dando nueva organización a la renta de tabaco: la ley suprimió el impuesto que pasaba sobre la siembra: creó una Factoría encargada de la administración general de la renta; y estableció que las cosechas de tabaco fuesen compradas, a precios equitativos, por cuenta del Gobierno para expender dicho artículo en el interior por medio de las Intendencias de Hacienda, y en el exterior por medio de contratas celebradas con la Factoría o el Gobierno. Tomando por base los datos que ha remitido el Factor, el Tenedor de Libros del Gobierno ha formado la cuenta de gastos y productos: calculándose un 50 por ciento de beneficio sobre el tabaco que se expende en el interior e incluyendo la utilidad que se calcula sobre las existencias que hay almacenadas en Factoría, resulta que la renta de tabaco desde su nueva organización hasta enero último ha dado la utilidad de $ 119,936.3/4 centavos. Sin hacer referencia al producto de tabaco hasta Enero último, ni al cálculo sobre las utilidades de las existencias, y haciendo relación únicamente a los productos de tabaco en los años económicos de 1877 y 1878, resulta que en los primeros meses de 77 hasta Marzo, produjo el derecho sobre la siembra, que existió hasta entonces... $ 3,612.46—7/8 centavos, y la venta del artículo que empezó a regularizarse en dicho año en las Intendencias $ 9,026.61—3/4 centavos. En el año económico de 78 la venta en el exterior y en el interior produjo, líquidamente...$ 77,918.39—1/8 centavos. Como notareis hay en el último año un considerable aumento debido a que en el interior se ensanchó y regularizó la venta de tabaco, y a que en el exterior se vendieron algunas cantidades de dicho artículo.

En la Factoría, según consta de los datos proporcionados por el Factor, hay almacenadas 239,965 1/2 libras de tabaco de primera clase; 105,159 libras de segunda; 7,378,000 puros, cuyas existencias tienen el valor principal de $ 30,955.50 centavos: sobre este valor, en la cuenta formada hasta el último de Enero del año anterior, debe tirarse un 50 por ciento por las utilidades que se calculan en la realización del artículo. (Anexo C.)

La ley de 15 de Marzo que reorganizó renta de tabaco, tiene por principal fundamento la idea de que el Gobierno puede expender con facilidad el tabaco en los mercados del exterior. Sólo de esta suerte el Estado puede hacer frente a los considerables gastos que causan la compra de las cosechas y el sostenimiento de la Factoría. En previsión de las dificultades que en alguno o más años pudiesen ocurrir respecto a colocar el tabaco en los mercados del exterior, dispuso la citada ley que el tabaco que no pudiese comprar el Gobierno, lo exportaran los cosecheros, pagando por derecho de exportación $ 10 por carga. No habiendo encontrado últimamente mercado donde expender con beneficio el tabaco, el Gobierno ha acordado facultar por este año a los cosecheros, para que exporten su tabaco pagando el correspondiente derecho de exportación. Para el consumo interior se calcula que son suficientes las existencias almacenadas en Factoría. Como lo habréis observado, las prescripciones de la ley de 15 de Marzo se prestan a aprovechar las ventajas de la exportación si las circunstancias son propicias respecto a la demanda del tabaco en los mercados del exterior; y en el caso contrario, no gravan al Gobierno con la obligación de contraer compromisos de muy difícil cumplimiento, ni a los cosecheros con la prohibición de exportar el tabaco. Teniendo los cultivadores aviso previo de si el Gobierno es o no comprador, en nada se contrariarán sus intereses ni aun sus cálculos relativos a sus negocios.

La deuda actual de la Factoría, a favor de los cosecheros de tabaco, que han hecho últimas entregas, asciende según informe del Factor a….$ 8,849.39 centavos. Se ha dispuesto reconocer y pagar el uno por ciento de interés sobre esa cantidad adeudada, y amortizar su valor, casi insignificante, con el producto del derecho de exportación de tabaco.

Exportación de ganado e impuesto pecuario

El impuesto sobre exportación de ganado macho que importaba un peso se dobló por decreto de 15 de Febrero de 1877; esta ley fijó el derecho de cuatro pesos por la exportación de cada cabeza de ganado hembra. En acuerdo de 6 de Marzo se elevó a $3 el derecho de exportación de cada cabeza de ganado macho. Con respecto al ganado hembra se acordó después el derecho de $8 por la exportación, y últimamente en acuerdos de 11 de Diciembre de 78 y de 1o. de Enero del corriente año, se dispuso que por la exportación del ganado hembra se pagase $ 16 por cabeza, y por la de ganado macho $5 por los puertos de Trujillo e Iriona, y $4 por los demás puntos de la República.

Se han hecho los aumentos indicados sobre los derechos de exportación de ganado, tomando por punto de partida las circunstancias de los negocios en los mercados del exterior. El ganado es un artículo de primera necesidad en los países que lo compran a los exportadores de esta República. Cuando un artículo de primera necesidad tiene forzosa y creciente demanda en otro país, justo y razonable es sacar algunos provechos de las transacciones que se operan en virtud de esa circunstancia. Por este motivo el Gobierno ha aumentado el impuesto sobre exportación de ganado que, en último análisis, no lo pagan ni los hacendados ni los exportadores sino los consumidores del exterior. Este es un hecho incontestable, observado siempre en las relaciones económicas, relativas a los cambios de productos destinados al consumo. Si por los efectos que se reciben en el país, los consumidores de aquí pagan indirectamente los gravámenes que por la producción o por la exportación han tenido dichos efectos, siendo por esa causa de mayor valor para el consumidor, la misma razón hay para que los consumidores de otros países paguen indirectamente el aumento del valor de nuestros productos. En el caso de que me ocupo, los gravámenes fiscales deben ser progresivos hasta el punto en que no hagan imposibles o difíciles las transacciones. El Gobierno ha respetado ese límite, pues a pesar del aumento de los derechos de la exportación de ganado, las transacciones han sido mayores que cuando se efectuaban sobre la base de un insignificante impuesto de exportación.

Se ha aumentado notablemente el impuesto sobre la exportación de ganado hembra para impedir que se haga en grandes proporciones, lo que disminuiría de año en año, la riqueza pecuaria. Con igual fin se ha restringido el destazo de ganado hembra capaz de reproducirse, estableciendo se paguen derechos dobles cuando se beneficie, y aun el cuádruplo de los derechos cuando la hembra estuviese en estado de preñez. El aumento de derechos, en tales casos, no cede en provecho del fisco: se ha acordado, que ingrese en las Tesorerías Municipales, como fondo destinado a la instrucción primaria.

El impuesto sobre destazo de ganado se aumentó en la ley de 15 de Febrero de 77 con la insignificante suma de cuatro reales por cada res. Mas posteriormente se dispuso que, en las poblaciones que no tuviesen 500 vecinos, en donde el beneficio de las reses no podía ser un negocio, se pagase únicamente la mitad de los derechos sobre el destazo. Esta disminución, pues, compensa sobradamente el pequeño aumento que estableció la ley de 15 de Febrero de 77.

La extracción de ganado en el año económico de 77 produjo $ 24.095.32 1/2 centavos, y en el año económico de 78, $ 46,426. Hay una alza en favor del Erario de $ 22,330.67 1/2 centavos. En 77 el impuesto pecuario produjo... $ 5,256.45 1/8 centavos, y en 78 $ 14,151.56 1/8 centavos. Resulta una diferencia de aumento de $8,895.11 centavos.

Situación de las demás rentas

Las demás rentas, que carecen de la importancia que tienen las ya referidas, no han sido objeto de innovaciones durante los años económicos de 77 y 78. Sin embargo, puedo asegurar que han mejorado notablemente: algunas se han duplicado y hasta triplicado. Podéis ver confirmado mi aserto en el cuadro comparativo de los productos de las rentas en los años de 77 y 78. En este cuadro aparece muy insignificante el producto de la alcabala terrestre por haberse suprimido esta antieconómica contribución, entorpecedora de las transacciones.

Cuenta General del Tesoro

Movimiento General de Ingresos y Egresos habidos en las Oficinas de Hacienda en el año de 1877.

	533,467.55—7/8
Producto líquido de las rentas en 1877	402,452.93—3/8
Diferencia entre ingresos y productos líquidos	131,014.62—1/2

Esta diferencia se explica por las deducciones que deben hacerse de los ingresos que no representan productos de la renta; tales son los valores del aguardiente comprado que se han deducido para darlos en pago a los vendedores, los suplementos reintegrables, los que ha efectuado el Señor Presidente de la República, los depósitos, y los ingresos que, por traslaciones de fondos de unas a otras oficinas, figuran en distintas cuentas en el movimiento general de las entradas fiscales. Esta explicación puede verse detallada, partida por partida, en el cuadro anexo comparativo del movimiento general de ingresos y productos habidos en el año de 1877.

Movimiento General de ingresos y egresos habidos en las Oficinas de Hacienda en el año de 1878.

	1,189,546.85
Producto líquido de las rentas en 1878	692,753.50—5/8
Diferencia entre ingresos y productos líquidos	496,753.34—3/8

Debe tenerse en cuenta que en el movimiento general de ingresos aparecen las traslaciones de fondos hechas a la Tesorería Especial del Gobierno hasta el último de Enero del año anterior, y no hasta el último de Julio en que termina el año económico. Puede verse el estado correspondiente. Debe advertirse además que el movimiento general de ingresos de la renta de tabaco se ha considerado hasta el 6 de Febrero del año corriente, incluyéndose así en el movimiento total de ingresos. Por haberse presentado en la forma expresada esas cuentas especiales, aparece muy elevada la cifra que representa el movimiento general de ingresos y egresos habidos en 1878. (Anexo D.)

La diferencia entre ingresos y productos que importa $496,753.34–3/8 centavos se explica por las traslaciones de fondos de unas oficinas a otras, lo que produce ingresos de un mismo valor que se han tomado en cuenta en el movimiento general; por suplementos reintegrables; por los valores empleados en la compra de aguardiente; por los invertidos en la compra de tabaco; por el importe de la existencia de 77 que pasó a 78, por productos que figuran en cuentas especiales y que, a la vez, aparecen en el estado de la Tesorería General. La diferencia se halla explicada detalladamente, partida por partida, en el anexo cuadro comparativo de los ingresos y productos habidos en 1878. (Anexo E.)

Según se desprende de la cuenta general del Tesoro, comparado el producto de 77, de $ 402,452.93–3/8 centavos con el de 78, $ 692,793.50–5/8 centavos, resulta en el último año un aumento de $ 290,340.57 3/4 centavos, cuya diferencia importa más que el producto de todas las rentas que había en el país antes de establecerse la actual Administración; pues en la Memoria presentada al Congreso, en Enero de 1875, por el Honorable Secretario de Hacienda de aquella época, consta que el producto total de las rentas se calculaba en $ 259,032, que el presupuesto de gastos ascendía a $ 331,949, y que resultaba un déficit de $ 72,917.

Conclusión

Aunque se han aumentado considerablemente las rentas, el Gobierno no puede asegurar que la Hacienda Pública está definitivamente organizada, ni que los rendimientos de las rentas alcanzan para atender a los muchos y cuantiosos gastos que reclama la situación del país, pues aquí se necesita crearlo todo.

La cuestión financiera es la más difícil de todas las cuestiones, aun en los países en que la riqueza pública proporciona toda clase de elementos, y en que a los Gobiernos sólo les toca hacer oportunas y acertadas combinaciones para aumentar y regularizar las rentas del Estado. La cuestión financiera entre nosotros está en el período de transición. Se ha empezado a desarraigar los sistemas, hábitos y rutinas que producían el status quo, que hacía, si se quiere, imposible el progreso natural que deben tener los productos de la renta. Pero la obra apenas está iniciada en medio de mil y mil dificultades. Su iniciación no ha podido hacerse por leyes, en lo que es posible perfectas y de un carácter definitivo, sino por disposiciones de carácter transitorio, que adolecen de todos los vicios y defectos consiguientes a los arreglos administrativos que se verifican para operar una transición radical y costosa. No obstante, la evidencia de los números ha comenzado a probar que el Gobierno ha tenido razón para iniciar la reforma en Hacienda.

Para que el ramo de Hacienda esté en las mejores condiciones posibles, se necesita por ahora introducir algunas reformas en las leyes emitidas por el actual Gobierno; organizar algunas rentas que pueden ser muy productivas, tales como las de exportación de maderas, y la de venta de pólvora, que aún no han sido reglamentadas: modificar las leyes arancelarias, y sobre todo, reformar la ley de Hacienda y el sistema de contabilidad. Este último punto constituye una necesidad imperiosa. La ley de Hacienda vigente no satisface en la práctica a los fines de una buena administración: al propio tiempo las administraciones especiales de algunas rentas que fue conveniente crear al principio, han llenado ya su objeto transitorio. Hoy se requiere, pues, una ley que dé unidad a la dirección superior de todas las rentas, que proporcione medios eficaces de acción al poder directivo, que simplifique y regularice las operaciones de las Oficinas de Hacienda, y que prevenga la práctica de un sistema uniforme y preciso de contabilidad.

Para todo esto es indispensable establecer en el lugar de la residencia del Gobierno una dirección General de rentas que resuma las atribuciones de los Administradores especiales, y que tenga verdaderas facultades administrativas: es indispensable además crear una Oficina de Contabilidad central dividida en las secciones convenientes, que tenga por objeto regular la contabilidad en todas las demás oficinas, llevar la cuenta general de todas las operaciones del tesoro, y examinar, y aprobar o no, las cuentas parciales de los Administradores de caudales públicos. A causa de no existir esa organización se toca con graves inconvenientes en la práctica. Las Oficinas Generales de Hacienda no tienen ni unidad ni eficaz acción en sus procedimientos, y los propósitos del Gobierno se ven con frecuencia entorpecidos o anulados, con menoscabo del progreso de las rentas. En materia de contabilidad las cuentas tienen distintas separaciones en las Oficinas y distintas denominaciones, algunas de ellas absurdas: por otra parte, la manera de llevar las cuentas es desigual, o sujeta, más o menos, a la antigua rutina de contabilidad que no puede dar la claridad y exactitud debidas. Semejante cúmulo de defectos, que originan la confusión, sólo puede corregirse llevando a cabo las reformas que dejo enunciadas.

Para terminar mi Informe en el ramo de Hacienda debo manifestaros que en breve someteré a vuestra consideración, el cálculo de productos de las rentas en los años de 79 y 80; y el proyecto de ley correspondiente al presupuesto de gastos.

Departamento de Crédito Público

En materia de Crédito Público el Gobierno ha cumplido con los compromisos que han contraído, y ha dado satisfacción en el interior y en el exterior a algunas deudas provenientes de las anteriores Administraciones.

De la deuda interna, hasta 31 de Julio de 1878, se amortizó la suma de $ 131,196.96 centavos que importa mucho más que la amortización que antes se hacía admitiendo, en todo caso, en pago de derechos y en un tanto por ciento, papeles de crédito contra el Erario. (Anexo F.)

En mi informe relativo al departamento de Relaciones Exteriores os di cuenta del arreglo de la deuda contraída en virtud de la convención Chatfield Cruz, la que, como sabéis, quedó consolidada y reducida a la suma de $ 50,000.

Por decreto de 28 de Octubre último se dio un nuevo arreglo a la deuda interna, determinando la manera de efectuar su pago. Este se hará gradualmente, satisfaciendo cada año un tanto por ciento progresivo hasta extinguir la deuda. Calculada la deuda en un millón y medio de pesos, según el sistema indicado, puede amortizarse dentro de trece años siete meses. El sistema de amortización es lento pero seguro; favorece al Estado porque lo pone en aptitud de cumplir sus compromisos, y favorece a los acreedores, cuyos papeles tendrán un valor reconocido, y no un valor ilusorio como de antiguo ha sucedido en la práctica. Para verificar el nuevo arreglo la ley previene la conversión de la deuda. Los vales y cupones de la deuda convertida han sido grabados en muy buen papel en los Estados Unidos con todas las garantías propias de esos documentos. Os presento, agregada a este Informe, una muestra de los vales. Dentro de poco se dará aviso al público de estas listas las oficinas de Hacienda, y de estar tomadas las medidas convenientes para llevar a cabo la conversión. El Gobierno se propone prorrogar el término en que debe efectuarse. (Anexo G.)

Como os he informado en la Memoria de Relaciones Exteriores, el Gobierno tiene abiertas negociaciones para arreglar del modo más satisfactorio que sea posible, la deuda que contrajo la Nación en virtud del   subsidio que por el tratado de 1859 se ofreció pagar en beneficio de los indios de La Mosquitia.

Respecto a la deuda exterior consiguiente a los empréstitos del Ferrocarril no se puede ni aun determinar su monto a punto fijo, porque el Gobierno cree que debe resolverse previamente qué obligaciones corresponden a la Nación en cuanto a los empréstitos, por haber sido autorizados por los Poderes competentes del país. En la Memoria de Fomento me he ocupado ya de esta materia, la más complicada y difícil.

El Gobierno espera la primera oportunidad propicia para consagrar todos sus esfuerzos al arreglo de la deuda exterior. Sobre este particular Vosotros podéis trazar al Ejecutivo la línea de conducta que os parezca más conveniente.

Departamento de la Guerra

Gran parte del escaso armamento que tenía el país cuando se estableció el actual Gobierno se hallaba disperso en manos de particulares. Para recuperar los derechos de la Nación, y para evitar desórdenes el Gobierno en decreto de 21 de Diciembre de 76, previno bajo la sanción de fuertes penas, se entregasen las armas de propiedad nacional a las autoridades militares. Debido a la disposición adoptada se recogió la mayor parte de las armas nacionales, que han entrado a los almacenes de guerra.

Para asegurar la paz interior y la dignidad y derechos de la Nación, el país necesitaba un armamento uniforme y moderno. El Gobierno ha satisfecho esta necesidad trayendo al país los elementos de guerra que ha conceptuado indispensables. Os presento anexo un estado general en que aparecen el número de armas y el de los demás enseres de guerra que existen en los almacenes nacionales. (Anexo H.)

Siendo parte integrante de la organización de un país la formación y el arreglo del Ejército, el Gobierno por acuerdo de 4 de Octubre del año anterior previno el alistamiento de las milicias, fijando la obligación del servicio para todos los hondureños, desde la edad de 18 hasta la de 35 años, y determinando excepciones acordes con la justicia, y no con privilegios relativos a clases y categorías sociales. (Anexo I.)

Las milicias se están organizando con toda regularidad, según los informes remitidos por los Comandantes Generales de los Departamentos a la Secretaría de mi cargo. En vista de los informes puede calcularse que no bajará de veinte mil el número de los milicianos de la República. Esta ha dado, y con buen éxito, el primer paso en la organización del Ejército, pero se necesitan dilatados y perseverantes trabajos para darle un carácter definitivo. El Gobierno no omitirá diligencia alguna para obtener ese gran resultado que atañe a la paz, a la seguridad y a la honra de la República.

Tegucigalpa, Marzo 20 de 1879.

Memoria de Fomento, Agricultura Y Comercio

Honorables Señores Diputados:

TENGO la satisfacción de continuar los informes que os debo sobre la conducta administrativa del Gobierno. Voy a ocuparme del ramo de Fomento.

Telégrafos

La mucha extensión y la poca población del país hacían de primera necesidad el establecimiento del telégrafo, medio indispensable para una administración activa, y para el ensanche de las relaciones particulares y comerciales.

Por las enunciadas consideraciones, el Gobierno, en acuerdo de 9 de Octubre de 1876, previno se diese principio a la construcción de líneas telegráficas. Esta obra tuvo los tropiezos de la falta de recursos, y, lo que es peor, de la ignorancia y la preocupación asidas a la idea pesimista de que en Honduras no puede hacerse algo de provecho. El Gobierno, en donde halló cooperación fue en los pueblos que aún no están maleados por pretensiones y ridículas ideas de oposición sistemática, y que, por lo mismo, se prestan gustosos a ayudar en cualquiera obra que importe un beneficio público.

El éxito ha correspondido a los esfuerzos del Gobierno. Hay construidas 692 millas de telégrafo: están en comunicación telegráfica los Departamentos de Tegucigalpa, Choluteca, La Paz, Comayagua, Santa Bárbara, Copán, Gracias y el puerto de Amapala; el país está en la misma comunicación con las Repúblicas de Guatemala, El Salvador y Nicaragua; hay funcionando 18 oficinas telegráficas; existen en Trujillo, materiales telegráficos para 100 leguas, los que serán aprovechados para unir aquel puerto con Yoro, Cedros y Tegucigalpa; los postes están colocados casi en toda la línea, y ésta ha llegado ya al Valle de los Ángeles; en Puerto Cortés hay materiales telegráficos para 50 leguas, y se utilizarán en unir a ese puerto y el de Omoa con San Pedro Sula y Santa Bárbara; la línea está en construcción; en breve llegarán a Amapala materiales para 100 leguas, que servirán para unir a Tegucigalpa con los Departamentos de El Paraíso y Olancho: para estas líneas se ha empezado a colocar los postes. La construcción de las líneas, el establecimiento de las oficinas, y los materiales empleados y existentes cuestan $104,169—2 centavos. Según el presupuesto formado por el Superintendente de telégrafos, para concluir las líneas en construcción y establecer 50 oficinas más se gastarán $52.000. El Gobierno abriga la esperanza de que en todo este año quedarán en servicio 1,547 millas de telégrafo, con 68 oficinas: en todas direcciones quedará cruzado el territorio por el hilo telegráfico, en provecho del comercio y de la administración pública. (Anexo A.)

La construcción de las líneas se ha hecho con grande economía, debido a su cuenta directa, economizando así fuertes erogaciones en pago de contratistas, y debido, además, a que los pueblos, en algunas obras y en el corte y colocación de mucha parte de los postes, han contribuido con sus servicios gratuitos.

El movimiento de ingresos y egresos en las oficinas telegráficas, es el que sigue: valor de los despachos oficiales $ 30.073—50 centavos; valor de los despachos particulares $ 4,672—50; total $ 34.746. El valor de los egresos importa $21,421—94 centavos: resulta a favor del telégrafo la suma de......$13,324—6 centavos. (Anexo B.)

El Gobierno celebró con el Señor J.A. de Braam, en 7 de Junio de 1877, una contrata por la que de Braam se comprometió a tender un cable telegráfico sub—marino desde Puerto Cortés hasta el cabo de San Antonio en la isla de Cuba, donde se unirá con las líneas que de allí parte para Europa, Estados Unidos de Norte América, Istmo de Panamá e Islas Antillanas. Últimamente se han recibido informes de que el contratista ha formado una compañía anónima para efectuar la empresa, y de que el Gobierno de España le ha permitido establecer en el cabo de San Antonio, la estación para el cable sub—marino. Es indudable que se realizará esa grande empresa. Como para ello el Gobierno de Honduras ha tomado iniciativa y dio facilidades y recomendaciones para que la idea del empresario fuese acogida en algunas de las Repúblicas vecinas, en correspondencia a esos oficios del Señor de Braam, suscribió generosamente una obligación particular que hace nominal el pago de las anualidades de $ 10,000 con que el Gobierno se comprometió en la contrata a subvencionar la empresa. Si ésta se lleva a cabo, como lo espero, la República estará en comunicaciones instantáneas con el mundo sin erogar ni un centavo. (Anexo C.)

Correos

Por disposiciones dictadas en 31 de marzo de 1877, se introdujeron algunas reformas en la Administración de Correos, a la que se ha dado organización y regularidad. Antes de 1877 el comercio casi no aprovechaba las pocas líneas de correos que existían: no había ni prontitud ni garantía para el cambio de comunicaciones. comúnmente preferían los particulares pagar por su cuenta correos que los llevasen o trajesen correspondencia.

Hoy existen seis líneas principales de correos y siete accesorias. Las comunicaciones en el interior y con el extranjero se verifican, desde dos veces por mes, hasta tres veces por semana. En las administraciones de correos, según el informe del Administrador General, el movimiento total de correspondencia y encomiendas ascendió en el año anterior a 95.994 piezas.

Los sellos postales que existían eran muy defectuosos, tanto por ser muy ordinarios en su clase, como por no prestarse a la división de varios y pequeños valores que se necesitan para el fácil pago de las distintas especies de correspondencia. Por este motivo el Gobierno dispuso hacer una nueva emisión de sellos postales: éstos están ya en uso y llevan el retrato del General don Francisco Morazán, según lo acordado por el Gobierno que, por tal medio, quiso dar un testimonio de aprecio a la memoria de aquel hombre ilustre que supo representar la causa más digna de la adhesión de los hondureños, —la nacionalidad de Centro América.

Las oficinas de correos se encuentran convenientemente establecidas y bien provistas de la mayor parte de los enseres que necesitan. Para ello el Gobierno ha tenido que hacer considerables gastos, pues casi nada existía en el importante ramo de correos. Conocida ya en la práctica la nueva organización, y hechas las observaciones referentes a la manera de constituir definitivamente el servicio postal, el Gobierno, sobre la base de la experiencia obtenida, dará la ley que corresponde para el completo arreglo de la Administración de Correos. (Anexo D.)

Caminos y puentes

Los caminos y puentes han sido conservados y aun reparados. Para este efecto, cada año, la Secretaría de mi cargo ha dado a los Gobernadores Políticos las órdenes e instrucciones convenientes.

Notando que la reparación de los caminos se hacía muy imperfectamente, debido a que se carecía de herramientas y de un buen sistema para llevar a cabo los trabajos, y observando además que para abrir nuevas vías de comunicación nunca había acumulados fondos suficientes, a causa de que la contribución de caminos daba productos insignificantes que se gastaban en cada pueblo, no pudiendo formar de esta suerte un total considerable para hacer buenas reparaciones de los caminos, o para invertirlo en nuevas vías de comunicación, por los motivos expuestos, el Gobierno modificó el reglamento de caminos de 30 de enero de 1875, previniendo en acuerdo de 6 de Septiembre de 1877, que los de la contribución en efectivo pasasen de las Municipalidades a las Intendencias para formar un fondo itinerario suficiente para atender a los gastos que deben hacerse en compra de herramientas, pago de ingenieros y apertura de nuevos caminos.

El fondo itinerario que ha ingresado a las Intendencias se ha dispuesto que lo inviertan los Gobernadores Políticos en compra de herramientas, para que los trabajadores de los pueblos que prestan su contribución personal puedan hacer buenas reparaciones en los caminos. Estos en muchos Departamentos se han mejorado notablemente, debido, en mucha parte, a la distinta inversión que hoy se da al fondo itinerario. (Anexo E.)

Con respecto a la apertura de nuevas vías de comunicación, a caminos carreteros de que tanto necesita el país, el Gobierno cree que por hoy para su construcción que requiere grandes gastos, no puede bastar el fondo itinerario. Para tener buenas carreteras se necesita que se afecte una renta especial y de alguna consideración, si es que lo permiten las circunstancias del Erario, o que el Gobierno arbitre recursos extraordinarios por medio de alguna conveniente negociación. Parece indudable que uno de los medios citados ha de ponerse en práctica, pues ya es imperiosa la necesidad que se experimenta de poner en comunicación al comercio del interior con las costas del Sur y del Norte por medio de dos caminos carreteros. La formación de éstos implica el desarrollo del comercio y de la agricultura, y la venida de inmigrantes al país. Vivimos en el aislamiento, y debemos comunicarnos. El Gobierno espera que tomaréis en cuenta esa materia de vital interés.

Los puentes se han reparado, y construido algunos nuevos: entre éstos figuran los de los ríos "Chiquito" y "Guacerique". Se ha acordado la construcción de puentes en los ríos del "Hombre" y "Hernando López" pero no ha sido dado disponer de los recursos necesarios para realizar esas importantes obras.

Ferrocarril

En 26 de Diciembre de 1876 se recuperó la vía férrea que había sido dada en arrendamiento a los señores Debrot y Kraft, y que permanecía casi en total abandono. En repararla se ha gastado, hasta el último de Julio del año anterior, la suma de $ 78,817.76 centavos, incluyendo en esta cantidad el valor de los productos de la misma vía, invertido en las reparaciones, construcción de puentes, etc.

El camino de hierro fue hecho desde el principio bajo muy malas condiciones, así es que su buen estado para el servicio sólo puede ser relativo. Cada año requiere la sección del Ferrocarril costosas reparaciones. Para el Gobierno ha sido y es verdaderamente oneroso distraer con frecuencia sus recursos para atender a la conservación de la línea férrea, y esto sin lograr que llegue a un perfecto estado; pero siendo muy útil la sección del Ferrocarril para el comercio del Norte, el Gobierno ha creído de su deber sostenerla en las mejores condiciones posibles.

El señor Doctor Bernhard, que durante las Administraciones de los Señores Arias y Leiva tuvo para los asuntos del Ferrocarril el carácter de Comisionado Especial de Honduras en Londres, ha continuado con el mismo carácter. Hace poco tiempo que regresó de Europa, y ha presentado a la Secretaría de mi cargo un informe sobre el resultado de sus trabajos, y las proposiciones que se le han hecho para continuar la empresa del Ferrocarril. Para lo que tengáis a bien resolver, os presento el informe y las propuestas contenidas sustancialmente en dicho documento. (Anexo F.)

La cuestión del Ferrocarril es para Honduras la más difícil y trascendental. El malhadado asunto del Ferrocarril que ha traído al país deshonra y descrédito que no merece, no sólo afecta los actuales intereses de la República, sino también, y lo que es más grave, los intereses del porvenir. Sabido es que el porvenir próspero de los países Centroamericanos, y en particular de Honduras, se cifra en el crédito exterior y éste no es posible mientras no se dé una solución satisfactoria y honrosa al negociado del Ferrocarril.

El Gobierno juzga que para obtener buenos resultados en la espinosa materia de que me ocupo, debe empezarse por inspirar confianza en el exterior, manteniendo en el país una situación sólida y regular que ofrezca eficaces garantías: debe continuarse esclareciendo los oscuros problemas que ofrecen los empréstitos del Ferrocarril, tanto para justificar al país que es inocente, como para definir la responsabilidad que en justicia le corresponde; y debe proseguirse haciendo convenientes arreglos para la ejecución de la empresa, que entrañen la extinción de la deuda y la no intervención del Gobierno como empresario. En la opinión del Gobierno todo lo que no sea proceder de esta suerte, no es más que ahondar el abismo. A vuestra sabiduría corresponde resolver tan ardua y trascendental cuestión.

Casa de Moneda

De grande utilidad se ha considerado el establecimiento de un cuño nacional. Honduras es, por excelencia, país minero, y a la mano están los metales para la acuñación: ésta trae la ventaja de impulsar la explotación de las minas, como se veía prácticamente cuando se acuñaba moneda de cobre en esta ciudad. Por otra parte, la acuñación de moneda nacional evitará las pérdidas que muchas veces produce la extracción de la plata en pasta, y dará en cambio numerario suficiente para todas las transacciones. Hoy, el comerciante, el agricultor, el industrial, aun poseyendo crédito y propiedades, ven paralizadas o entorpecidas sus transacciones o empresas, a causa de las constantes crisis que ocasiona la falta de dinero en el mercado.

El Gobierno se propone que las condiciones de las monedas de la República sean tales, que permitan una moderada circulación fuera del país, para que en el interior quede siempre el numerario suficiente para las transacciones. Acuñar mejor moneda que la que corrientemente circula en Centro América, es indebido, porque habría pérdida con su total exportación, y porque no se llenaría el objeto de que haya el dinero circulante necesario en el país. Acuñar moneda de inferior clase a la de las monedas corrientes en nuestros mercados, sería depreciar desventajosamente la moneda nacional, e impedir casi por completo su circulación en el exterior, lo que no es conveniente. El Gobierno, pues a este respecto, tiene la opinión de que debe adoptarse un término medio.

La clase de moneda, su peso y su ley, a juicio del Gobierno deben ser como sigue:

Clase de monedas	Peso en granos	Ley en milésimos
1 peso (100 cts.)	25	900 milésimos
50 cts.	12.5	900 milésimos
25 cts.	6.25	900 milésimos
10 cts.	2.5	835 milésimos
5 cts.	1.25	835 milésimos

Para las pequeñas transacciones se acuñarán monedas de cobre de un centavo y medio centavo, con la ley de 1,000 milésimos, y peso de 4.50 y 2.25. Os presento las primeras muestras de la moneda, y en breve someteré a vuestra consideración un proyecto de ley monetaria.

La casa de moneda está bajo la dirección inteligente del Señor Don Juan Connor, con quien el Gobierno ha celebrado una contrata, en virtud de la cual por la mensualidad de $500, el contratista señor Connor se ha hecho cargo de dirigir el establecimiento y de dar la moneda acuñada, siendo de su cuenta los gastos de la acuñación. En la actualidad están para terminarse los trabajos de organización del cuño, y me es satisfactorio anunciaros que dentro de muy poco tiempo empezará a circular la moneda nacional. (Anexo G.)

Agricultura

Con el restablecimiento de la confianza pública, y bajo el amparo de las efectivas garantías acordadas a la propiedad, el espíritu empresario ha despertado, y hace sentir su acción particularmente en la industria agrícola. Hace pocos años que la agricultura estaba limitada en el país a pequeñas siembras de tabaco y de caña de azúcar, de maíz y frijol: de dos años a esta parte casi en todos los Departamentos se han empezado a hacer grandes plantaciones de café, y se ha ensanchado notablemente la siembra del tabaco y de la caña de azúcar.

Convencido el Gobierno de que la prosperidad del país depende, en gran manera, del arraigo y crecimiento de la industria agrícola, en 29 de Abril de 1877, decretó una ley en que se acuerdan las más amplias garantías y exenciones en favor de los agricultores nacionales y extranjeros.

La ley de fomento de agricultura ha empezado a proporcionar beneficios a los agricultores y a los agentes que éstos necesitan para el sostenimiento y éxito de sus empresas. La enunciada ley tiene un carácter fundamental, así es que la mayor parte de sus disposiciones, necesitan de leyes reglamentarias para que su ejecución sea más fácil y eficaz. El Gobierno se propone llevar a cabo, oportunamente, la reglamentación que corresponde. (Anexo H.)

Digna es la industria agrícola de fijar vuestra atención. Hoy el comercio del país se sostiene casi artificialmente. Un país cuya exportación de productos agrícolas y manufacturados no es equivalente o superior a la importación de los artículos o efectos que consume, no puede estar, económicamente, en condiciones regulares; no puede tener un comercio próspero que descanse sobre sólidas bases. Honduras, por largo tiempo, no podrá ser un país manufacturero; tiene que ser, por sus elementos y por las aptitudes de sus habitantes, un país esencialmente agrícola. Se necesita, pues, a todo trance, proteger y desarrollar la agricultura.

Comercio

El comercio de la República ha tomado mayores y considerables proporciones, como lo demuestra el aumento de los registros de mercaderías de las Aduanas. El comercio vive de la confianza del crédito, y a estos elementos, producto de la paz, se debe principalmente el progreso obtenido en las transacciones comerciales.

Como la suerte del comercio depende de que haya medios de transporte, fáciles y frecuentes para el cambio de los productos en los mercados, el Gobierno ha atendido, en todo lo que le ha sido posible, al establecimiento de medios de transporte. Ha continuado subvencionando la línea de vapores del Pacífico que tocan en el puerto de Amapala: ha pagado a la Compañía de dicha línea una fuerte suma que se le adeudaba por subvenciones no satisfechas: ha subvencionado con la suma de $ 2,000 anuales al vapor norteamericano "E. B. Ward" que tiene la obligación de arribar en las costas del Norte, a los puertos de Trujillo, Roatán e Iriona, y a los embarcaderos de Balfate y La Ceiba, y que está comprometido a prestar servicios al Gobierno en el transporte de correspondencia, empleados, colonos y efectos destinados al servicio público: ha concedido la exención de los derechos de puerto a la Compañía Anglo—francesa cuyos vapores han comenzado a tocar en Puerto Cortés, y se trata de hacer un arreglo definitivo para la venida mensual, a los puertos del Norte, de los vapores de la expresada Compañía: últimamente se ha convenido con el Agente de la Compañía del Pacífico que toque en Amapala, cada mes, un vapor más, por la módica subvención de $ 1,200 anuales.

Es indudable que el nuevo vapor, que tocará en Amapala dará mayores facilidades al comercio; y que el vapor norteamericano "E.B.Ward", que hará principalmente el comercio de frutas entre Honduras y los EE. UU. proporcionará considerables utilidades a los comerciantes y agricultores de la costa del Norte. Es un hecho comprobado que el comercio de frutas que se hace por medio de vapor da más seguros y mayores rendimientos que el que se hace comúnmente en la costa por medio de buques de vela. Respecto a los vapores de la línea Anglo—francesa, es evidente que favorecerán en gran manera el desarrollo de los intereses comerciales del país. (Anexo I.)

Los comerciantes de Puerto Cortés han dirigido al Gobierno una memoria sobre la situación y necesidades de la costa del Norte: contiene puntos de verdadero interés, y el Gobierno opina que es conveniente acordar en favor del comercio nacional justas medidas que lo apoyen y protejan. Os acompaño la memoria de que hago mérito, para que resolváis lo que estiméis debido. (Anexo J.)

Con el fin de poner a los hondureños en contacto con el comercio de Cuba, para obtener la venta de ganado bajo las condiciones más ventajosas, el Gobierno en 31 de Marzo del año anterior, hizo una concesión para el establecimiento de un vapor "Correo nacional ganadero" entre los puertos de la Isla de Cuba y su adyacente de Pinos, y los de Puerto Cortés, Trujillo e Iriona en la Costa Norte de Honduras. Es incuestionable que los hondureños reportarían mucho provecho teniendo un vapor que, con regularidad y frecuencia, transportase sus ganados al mercado de Cuba, para obtener allí todas las ventajas de que se aprovechan los agentes intermediarios en el negocio de exportación y venta de ganado. Para establecer ese medio de transporte, el concesionario cuya empresa debía importar cuantiosos gastos, necesitaba o de una fuerte subvención, o de una protección indirecta y eficaz en favor de la empresa. El Gobierno optó por el segundo medio, por creerlo más conveniente para los intereses del país y del concesionario. La concesión ha caducado por no haberse puesto en servicio el vapor ganadero en la primera quincena de Enero próximo pasado. No obstante, la necesidad y la justicia aconsejan insistir sobre tan importante asunto, excogitando los medios de dar libertad, facilidades y ventajas al comercio de los hondureños con la Isla de Cuba, en virtud del establecimiento de una línea de vapores ganaderos.

El Gobierno ha recibido propuestas para hacer venir al país colonos de las Canarias e inmigrantes de California. Es de primordial interés para Honduras promover una buena inmigración, pero sabido es que, para realizar satisfactoriamente ese fin, se necesitan recursos de alguna importancia. (Anexo K.)

Medidas especiales para favorecer la Industria y la Agricultura

Siendo el tabaco uno de los productos más valiosos del país, el Gobierno ha atendido a mejorar el sistema de cultivo, lo mismo que a perfeccionar la elaboración de puros y cigarrillos. Para este efecto, en el año de 77 se celebró una contrata con D. Santiago Palacios, la que fue rescindida en el año anterior, por mutuo disenso, habiéndose celebrado nueva contrata con Don Anselmo Valdés.

Por cuenta del Gobierno, y bajo la dirección sucesiva de los contratistas mencionados, se ha establecido en la ciudad de Santa Rosa una manufactura de tabaco que ha servido no sólo para la mejor elaboración de dicho artículo, sino también, como escuela práctica en donde han adquirido o perfeccionado sus conocimientos algunos manufactureros del país en el ramo de tabacos.

Como medida especial para ensanchar la siembra de café y dar patrimonio a los pueblos, se han comprado algunos terrenos que el Gobierno ha cedido a aquellos bajo la condición de que los cultiven en determinado tiempo. En el distrito de Sabanagrande, en breve van a ser distribuidas con el expresado objeto, 1,723 manzanas de tierra.

Exposición Nacional

Por acuerdo de 31 de marzo del año próximo pasado, se dispuso a verificar una exposición de los productos naturales, agrícolas e industriales del país, en el mes de septiembre de cada año. La primera exposición se efectuó en Septiembre último. Aunque fue muy poco el tiempo que se empleó para preparar la exposición fue modesta por sus proporciones, pero muy significativa porque hizo ostensibles las aptitudes de los hondureños y las variadas riquezas de nuestro privilegiado suelo. Con motivo de nuestra exposición el Presidente de la República inició la idea, la grande idea de realizar una Exposición Centroamericana. El pensamiento del primer Jefe del Estado ha sido acogido con aplauso por la prensa de los países vecinos y del exterior. ¡Ojalá que nos sea dado ver el día feliz en que Centro América se muestre unida en un gran certamen del trabajo y de la industria! (Anexo L.)

Tegucigalpa, marzo 20 de 1879.

Documento No.8

Situación de la Agricultura del País

El café y su estadística. —El porvenir del comercio asegurado por la industria agrícola.

I

La situación de la agricultura en Honduras es en la actualidad de marcada importancia, y promete para un porvenir, no lejano, resultados muy satisfactorios.

En la parte Norte de la República, la más rica en extensos y feraces terrenos, se explotan ya en grande escala los frutos del plátano, del coco, del coyol, del cacao, del corozo, y de otras valiosas plantas frutales. Por doquiera se han ensanchado las plantaciones de éstas, y dos vapores, subvencionados por el Gobierno, hacen constantemente el comercio de frutas entre los puertos atlánticos de Honduras y los mercados de Estados Unidos. Juzgamos aproximadamente que los valores que importa ese tráfico, que día en día se robustece y aumenta, no bajarán en este año de $ 400,000.

Aparte del comercio de frutas, tan expedito en la costa del norte por la facilidad de las comunicaciones fluviales y marítimas, y la proximidad de excelentes mercados, podemos agregar que las poblaciones de la costa del sur no permanecen extrañas al interés que en el país hoy despierta la industria agrícola. El cultivo del jiquilite (índigo), por muchos años abandonado, ha vuelto a recuperar su puesto, y se desarrolla notablemente. Por el puerto de Amapala ha comenzado a hacerse la exportación de número considerable de sacos de excelente añil. Honduras posee en el sur vastos terrenos muy propios para una grande producción de añil; y este precioso artículo, que en un tiempo labró la prosperidad de la vecina República salvadoreña, y que da los números más estimados en su clase, puede, sin duda, constituir por sí solo un verdadero patrimonio para los pueblos que se asientan en las márgenes del Choluteca y del Goascorán, y que tienen a un paso, por Amapala y puertos menores, la exportación de sus productos.

La zarza de Honduras, que está reputada como una de las mejores del mundo, es también un artículo llamado a figurar por el valor de sus productos. El Gobierno ha dictado medidas conducentes a la conservación y ensanche de los zarzales, y a su más amplia y beneficiosa explotación. El hule será objeto de análogas medidas, y estamos seguros de que estos artículos, vistos antes como cosa de poca monta, serán en breve un notable ramo de exportación, y uno de los factores más activos de nuestra riqueza pública.

La ley orgánica del ramo de aguardiente de 1o. de Diciembre de 1876, de un modo indirecto, promovió el mayor cultivo de la caña de azúcar. De entonces a esta fecha se han formado en los Departamentos nuevas fincas de caña, y las que había en reducido espacio, se han extendido en más de ocho suertes, cantidad requerida por la citada ley para el efecto de la destilación de aguardiente. A propósito del ramo que nos ocupa, nos es satisfactorio manifestar que en el valle de Comayagua, uno de los más extensos y fértiles de Centro América, se ha establecido por el Señor Arias un ingenio para el cultivo y elaboración de caña de azúcar en considerables proporciones. El nuevo ingenio está provisto de completa y excelente maquinaria, al estilo de los ingenios de Cuba; y con grande economía de tiempo y de trabajo, dará al empresario y al país abundante y valiosa producción. Después de haber estudiado la situación y condiciones de la empresa agrícola del Señor Arias, no vacilamos en asegurar que en su género es la primera en el país: que proporcionará en beneficio general muy buenos resultados, abaratando el azúcar, la panela y el aguardiente; y que tal vez más tarde dará a la República un nuevo ramo de provechosa exportación.

El cultivo del café que ha llegado, por decirlo así, a tomar la primacía entre los cultivos de las plantas productoras de frutos deleitables para el hombre, se ha abierto entre nosotros muy espacioso campo. Sobrados motivos tienen el Gobierno y pueblo hondureños para consagrar esmerada atención al cultivo del café: su conveniencia es palmaria. Sin ir muy lejos a buscar ejemplos, la dictadura de Carrillo, que tuvo un alto sentido económico por haber impuesto en Costa Rica la obligación de cultivar el café aseguró por tal medio la prosperidad de aquella laboriosa República, antes sumida en los limbos de la inacción y la miseria. Guatemala, que hace algunos años sufrió espantosa crisis a causa de la depreciación de la cochinilla que era el sustentáculo de sus transacciones y de su riqueza pública, ha salvado felizmente el abismo a que estuvo a punto de precipitarse; y lo ha salvado reemplazando los nopales con vastas plantaciones de café. Hoy los terrenos de la costa grande que hace doce años casi sólo servían para figurar en el mapa como parte del territorio guatemalteco, figuran, debido al café, como puestos avanzados de producción y de prosperidad; e igual juicio podemos hacer de otras secciones de Guatemala, antes desiertas e improductivas, y en la actualidad convertidas en centros de población, en donde el trabajo y el capital, con su prodigiosa virtud, obran las maravillas del progreso. La República de El Salvador, tan movible por la ígnea actividad de su naturaleza volcánica, como activa por el nervio y genio emprendedor de sus habitantes, ha podido compensar la decadencia de sus famosas ferias y de sus producciones de añil, con el cultivo y la producción del café. Sólo la producción de este artículo en el próspero Departamento de Santa Ana, es bastante a nuestro juicio a compensar en su mayor parte los extinguidos beneficios de las ferias y las valiosas cosechas del jiquilite. Nicaragua ha buscado también el objetivo de su conveniencia como país agrícola. No obstante su clima ardentísimo ha hecho en sus sierras y en sus terrenos de temperatura media considerables plantaciones de café, y hoy el país de los grandes y poéticos lagos acrece su riqueza y bienestar con la producción de tan importante artículo.

II

Con ejemplos tan dignos de seguirse, teniendo al alcance de nuestra mano la clave de nuestra riqueza y prosperidad nacional, riqueza y prosperidad nacional que, según lo hemos dicho tantas veces, resuelven nuestros problemas políticos; ¿cómo se entiende? ¿cómo se explica que Honduras hace cuatro años no haya fijado decididamente su atención en la agricultura, madre legítima de la industria y del comercio? ¿Cómo se entiende, cómo se explica la adopción de combinaciones políticas, más o menos inconducentes, cuando la necesidad de ser algo, de tener algo, ha llamado con golpes redoblados a nuestras puertas, y nos ha señalado con señal inequívoca que seremos algo, que tendremos algo por medio de la agricultura?

Vamos a explicar con cumplida franqueza tan excepcional y curioso fenómeno.

Aquí, en Honduras, en donde malamente se ha dado en llamar política al interés egoísta de una bandería sobrepuesta a los intereses generales de la sociedad; aquí en Honduras, adoptado tal sistema, se sabía por larga y dolorosa experiencia que el partido triunfante, siempre inestable, no debía ni podía tener otra atención que la de asegurar el poder. Se sabía además que los partidos caídos no podían tener más ocupación que la de aprestarse a la lucha, pues la intolerancia política atacaba la seguridad de la propiedad, del capital, del crédito. ¿Quién en semejante medio social, quién en una atmósfera asfixiante en que la aspiración suprema era respirar, podía dedicarse satisfecho del presente y confiado en el porvenir, a los pacientes, tranquilos y reflexivos trabajos de la agricultura? Los hombres del poder, del partido dominante, no podían dedicarse a ello: poco era su tiempo para defenderse de sus adversarios y para prolongar por algunos días su efímero predominio. Los vencidos, los hombres de los partidos caídos tampoco podían pensar en empresas agrícolas: poco les era el tiempo para conspirar, y para sustraer sus maltrechos capitales de la acción absorbente del fisco armado, exigiendo la contribución forzosa, bajo el apremio de negar el agua y el fuego, como entre los antiguos romanos. Si nadie, pues, contaba con el día de mañana; si todo era precario, de circunstancias del momento; ¿qué de extraño tiene que el pueblo hondureño, tan inteligente, pero sujeto a un régimen político vicioso, no pudiese poner ni la primera piedra del edificio social, a cuya sombra, el trabajo y el comercio, está llamando a regenerarse y engrandecerse? Dado un principio falso y ruinoso en política, sus consecuencias deben ser también falsas y ruinosas. He aquí lo que ha sucedido en Honduras; y como en este país incipiente, la educación hispano—colonial, el Estado, el Gobierno, la política, lo han dominado todo, no será sorprendente que con un Estado, que con un Gobierno, que con un sistema político, reñidos con la estabilidad, con las garantías al trabajo y al capital, con la confianza y el crédito, hayamos tenido en más de medio siglo completa indiferencia respecto a la agricultura, crasa ignorancia respecto a su importancia, absoluta dejación de nuestros más caros y vitales intereses.

III

Afortunadamente en el año de 1876 llegó el día en que, sin violencias, sin luchas, se operó en Honduras una saludable transformación política que ha ejercido directa y benéfica influencia en provecho de la agricultura. ¿Qué necesitaba ésta como condiciones de existencia y desarrollo? Paz inalterable, respeto a las personas y a las propiedades, garantías al trabajo, estímulos para la producción, decidida protección del Estado y, como consecuencia de todo esto, el firme arraigo de la confianza pública. El Gobierno del Señor Soto comprendió desde el principio la importancia de tan legítimas exigencias. Notó que debía operarse un cambio en el orden político, pero un cambio que refluyese en beneficio de los intereses económicos del país, y primordialmente de la agricultura. Con la fuerza de la convicción, el Señor Soto no vaciló en proclamar netamente una política nacional, un Gobierno para todos; en suprimir de un golpe las contribuciones directas y forzosas, las exigencias violentas sobre prestación de servicios públicos gratuitos; en garantizar el trabajo y la seguridad de los ciudadanos sin aceptación de partidos; en decretar amplias y eficaces garantías y exenciones en favor de la agricultura; en expedir las vías de comunicación y los medios de exportación; en restablecer el crédito interior del Estado; y, en suma, en infundir y fortificar la confianza pública, la fe en una situación sólida, de paz y de progreso.

Los esfuerzos del Gobierno del Señor Soto no han sido vanos. Sus altas miras políticas y económicas han tenido su realización. La confianza ha renacido, el trabajo ha aumentado la riqueza particular y pública, y los capitales han salido de sus cajas para fecundar los campos que hoy forman el asiento de considerables empresas agrícolas. Hoy, al arte de conspirar y de guerrear se ha sustituido por el arte nobilísimo de labrar la tierra, que, nunca ingrata, sabe corresponder a los afanes del hombre proveyendo, como madre bienhechora y cariñosa a la satisfacción de las necesidades y aun de los gustos individuales y sociales. Si los hábitos de orden en los pueblos y una política justa y protectora en el Gobierno han dado por resultado la vida y crecimiento de la agricultura, ésta, en cambio, con sus ramificados y legítimos intereses, es y será una garantía para el orden social, un elemento de estabilidad para el Estado, y un poderoso auxiliar para el sostenimiento del crédito público.

IV

Oportunamente publicaremos los datos estadísticos relativos a los diversos ramos de la agricultura del país. Por ahora vamos a concretarnos a evidenciar, por los procedimientos de la estadística, la importancia que tienen las plantaciones de café. Sentimos no poder presentar en el cuadro que publicamos sobre el número de cafetos trasplantados, o en hacienda, y en almáciga, una cantidad exacta. Nos limitamos a apuntar el mínimo de cafetos; pues aunque la Secretaría de Fomento dio sus instrucciones a las Gobernaciones políticas de los Departamentos para que formase una cuenta completa de todos los cafetos en almáciga y trasplantados, no se ha podido lograr este objeto, debido a que la ignorancia y preocupación de algunos agricultores, que desconocen los beneficios de la estadística, les han hecho honor ver con recelo las investigaciones de los Gobernadores políticos, y han rehusado suministrarles datos sobre el número completo de cafetos que contienen sus fincas. Ojalá que todos los agricultores lleguen a comprender el conocimiento en el interior y en el extranjero del valor de sus fincas, les asegura capital y crédito, capital y crédito que no se obtienen en el retraimiento y en la oscuridad, sino a la luz del pleno conocimiento de los valores disponibles por el empresario de industria. Mas, nosotros confiamos en que la ciencia económica, que es una ciencia de observación, dará en tierra con funestas preocupaciones, y con la ignorancia de nuestros propios intereses.

Reanudando nuestras consideraciones sobre la importancia y estadística del café, nos es grato manifestar que según el cuadro aludido, hay en la República, como mínimum, 3.103,400 cafetos trasplantados o en hacienda, y 4.177,586 cafetos en almáciga, cuyas cifras arrojan el total de…7.280,986 cafetos.

Los cafetos trasplantados o en hacienda, que en gran parte ya producen, dentro de dos años estarán en plena cosecha. En nuestros terrenos tan feraces hay cafetos que producen hasta veinte y cinco libras de fruto; pero esto no es lo general. Don Emiliano Martínez, Cónsul de Colombia y Venezuela en Nueva Orleans, que por encargo del Gobierno de Honduras ha escrito una interesante Memoria sobre el cultivo del café, calcula el producto de éste, en nuestro país, a razón de dos libras y media por cafeto. Nosotros adoptamos el promedio de dos libras por mata y, sobre este mínimum, dentro de dos años los 3.103,400 cafetos producirán 62,068 quintales de fruto. Ahora bien, nuestro café, cuya mayor parte es de primera clase, y que ha alcanzado en Londres las mejores cotizaciones (últimamente 18 a 19 pesos quintal), puede calculársele, por mucha que sea la caída del artículo en algunos años, el precio mínimo de 10 pesos quintal, libre de gastos de exportación. Calculado ese precio, el mínimo de 62,068 quintales que se exportará dentro de dos años, dará a los agricultores hondureños el producto de $ 620,680. Partiendo de datos oficiales, juzgamos aproximadamente que el valor de las mercaderías extranjeras que se importan por Amapala, Trujillo, Puerto Cortés y Omoa, asciende al año a $ 800,000. Comparados los valores de importación y exportación, podemos aseverar que dentro de los dos años sólo el artículo del café pagará casi la totalidad de nuestras importaciones, quedando nuestros demás valores exportables, plata y oro en pasta, maderas de construcción y de tinte, frutas, añil, ganado, quesos, zarza, cueros, etc., como un sobrante invertible casi exclusivamente en la formación de nuevas empresas agrícolas e industriales, y en el aumento de las transacciones del comercio.

Calculando que se aproveche y trasplante la mitad de los 4.177,586 cafetos en almáciga, dentro de tres años, a razón de dos libras por cafeto, producirán 41.775 quintales, 3 arrobas 11 libras y calculando el precio mínimo de $ 10 por quintal, darán para Honduras el producto de $ 417,758.60 centavos, en el tiempo indicado, el valor de la exportación del café no sólo bastará a pagar las introducciones de mercaderías, aun calculando su aumento gradual, sino que también dejará un sobrante invertible, económicamente, en consumos reproductivos en los diversos ramos de la industria.

Sumadas las cantidades mínimas del café exportable, dentro de dos o tres años, y adoptado el último término, dan un total de 103,843 quintales, 3 arrobas, 11 libras y respecto al producto del precio, un total de......$ 1.038,438.60 centavos.

Si en tres años y meses que lleva de existencia la presente Administración, época en que han empezado a reconstruirse los capitales, ha sido dado sembrar casi en totalidad el número de 7.280,986 cafetos, del cual suponemos en hacienda, y por completo, dentro de un año, 5.192.193, es de calcularse que aumentadas las fortunas particulares, con la ayuda de los rendimientos del café existente, y con los provechos progresivos de los demás ramos agrícolas, es de calcularse, decimos, que dentro de tres años podrán plantarse, por lo menos, 5.192.193 cafetos. Sumada esta cantidad probable con la calculada en producción dentro de tres años, dará dentro del término indicado el total de 10.384,386 cafetos. Este número, dentro de cinco años, calculado ya todo en producción, y a razón de dos libras por cafeto, dará 207,687 quintales 2 arrobas, 22 libras, y este producto, apreciado a diez pesos quintal, dará $ 2.076,877.20 centavos. El día feliz en que nuestros cálculos se realicen, en que el café proporcione al país todos los rendimientos indicados, la agricultura nacional tendrá una base inconmovible, y estará asegurado el bienestar de Honduras. La agricultura, como todos los grandes intereses sociales, una vez que halle su verdadero carril y tome fuerte impulso, no retrocederá. Con paso firme seguirá su marcha, y esta marcha triunfal será la de nuestro progreso y civilización.

Hemos apuntado nuestras observaciones y cálculos sobre los beneficios, o más propiamente, sobre la renta que, en diversos períodos de tiempo, debe proporcionar la producción del café. Mas debemos completar nuestras apreciaciones estimando el capital fijo representado por los cafetales existentes y por los que hemos calculado deben plantarse dentro del término de tres años. En las fincas de café, tanto en Centro América como en la América del Sur, en general la estimación que se hace de su valor, dando a cada cafeto ya trasplantado el avalúo de un peso. Poseyendo, pues, en Honduras fincas que dentro de poco tendrán completamente trasplantados, 5.192.193 cafetos, podemos juzgar que dentro de año y meses ese número representará el capital fijo de $ 5.192.193. Este capital no existía hace cuatro años, este capital, por decirlo así, ha sido improvisado al calor vivificante de la paz y del trabajo. ¡Qué resultados tan brillantes son los que ofrecen el concierto social y la laboriosidad de los pueblos!

Y siguiendo nuestras apreciaciones sobre capital fijo, como dentro de tres años hemos calculado un ciento por ciento en la progresión de las plantaciones de café, tomando por base el número existente en hacienda y la mitad del que se halla en almáciga, resulta de nuestro cálculo que dentro de tres años se habrá aumentado el capital fijo, en fincas de café, en ......$ 5.192.193, que sumado su importe con el valor del existente dará la cifra de $ 10.384,386. ¿No es verdad que esta estadística, reveladora de la honradez y del trabajo de la nación, es preferible mil y mil veces a la horrorosa estadística de las confiscaciones, saqueos, incendios y asesinatos que han sido los productos de nuestras lamentables revueltas políticas?

V

El porvenir del comercio de la República, por tanto tiempo vacilante y en cierto modo artificial, debe tener por base la industria agrícola: esta es la única capaz de asegurarle prósperos destinos.

Por falta de agricultura, por falta de frutos exportables, ¿Cuál ha sido desde la independencia acá la suerte de nuestro pequeño comercio? La más triste, por no decir angustiosa. El comercio se ha limitado a vegetar en la indolencia, a vivir encerrado en un pequeño círculo vicioso. Ha traído mercaderías del extranjero para el consumo improductivo del país: lentamente ha realizado sus mercaderías para poner en la caja peso por peso el producto de las ventas, y después exportar el dinero efectivo o invertirlo en la compra de algunos marcos de plata en pasta o de letras sobre Londres, etc., para por este medio hacer frente a los pagos de Europa. He aquí pura y simplemente todo el mecanismo de nuestras transacciones comerciales. En esfera tan reducida, ¿qué progresos notables ha podido alcanzar el comercio? ¿Qué beneficios positivos ha podido dar al país? Casi ningunos. Con la venta de sus mercaderías sólo ha satisfecho económicamente a consumos improductivos: la pieza de manta que se vende es un valor que se consume y que no reaparece bajo otra forma. Con guardar en la caja el numerario, producto de la venta, no se logra más que sustraer de la circulación un valor que podría dar vida a la industria, a las transacciones, y en último análisis, ganancias al mismo comercio que lo retiene. Con la exportación del dinero efectivo y de las platas en pastas, el comercio por lo común pierde en el cambio por letras o por el metálico en que debe efectuar sus pagos, y además deja en el país crisis constantes ocasionadas por la falta casi absoluta de numerario. He aquí descritas las operaciones de nuestro comercio que, bajo el dominio de una rutina infructuosa, no ha podido tener ni consistencia ni prosperidad.

Cierto es que dada la situación en que ha permanecido el país por muchos años, el comercio ha tenido necesidad de sujetarse a los infecundos procedimientos que hemos reseñado. Por hoy que por una feliz evolución política y social la agricultura se ha constituido y ha empezado a desarrollarse entre nosotros, el imperioso deber del comercio, y no sólo su deber, sino su más alta conveniencia, reclaman que abjure de la rutina, y que tienda mano amiga y protectora a la agricultura, tan necesitada de la cooperación del capital y del crédito.

La industria agrícola corresponderá con esplendidez los beneficios que reciba del comercio. Habiendo frutos exportables, el comercio no tendrá ocioso el producto de sus ventas: lo empleará día por día en transacciones beneficiosas para sus intereses: tendrá facilidad para situar sus fondos con la remisión de frutos, y obtendrá nuevas ganancias con la realización de éstos en los mercados del extranjero. Aparte de estas ventajas, la sola idea en el comercio del exterior de que el comercio de aquí puede hacerle considerable remisión de frutos, será un motivo bastante para que el crédito de los comerciantes hondureños se centuplique, el crédito que en este gran siglo es el agente mágico que atrae los capitales, las transacciones, y que vivifica y engrandece el comercio de las modernas sociedades.

Siendo, pues, tantas las excelencias de la agricultura, principal fuerza motriz de nuestro engrandecimiento nacional, deber es hasta de patriotismo estimularla, impulsarla, ayudarla, protegerla por todos los medios posibles. La agricultura importa para todas las clases sociales un capital de interés: en saber comprenderlo y derivar de él todos sus legítimos provechos, está empeñada nuestra conveniencia, está empeñada nuestra aspiración suprema de hacer, por la virtud fecunda de la honradez y del trabajo la felicidad de nuestra joven República. Cinco años más de paz, de orden y trabajo, y nuestra agricultura será una fuente inagotable de riqueza, y nuestros más fervientes votos serán cumplidos viendo realizada la prosperidad de Honduras.

Estado general que demuestra el número de árboles de café, que trasplantados y en almáciga hay en la República.

Departamento	Cafeto trasplantado o en hacienda	Cafeto en almáciga	Totales
Santa Bárbara	851,814	223,285	1,075,099
Copán	518,029	335,295	853,324
El Paraíso	427,700	216,150	643,850
Tegucigalpa	282,996	911,170	1,194,156
Olancho	200,715	87,716	288,431
Comayagua	192,262	1,128,383	1,320,645
Choluteca	168,951	1,139,976	1,308,927
Yoro	283,319	—	283,319
Gracias	132,664	88,185	220,849
La Paz	44,450	47,126	91,576
Roatán	500	300	800
Totales			
		Cafeto trasplantado	**3,103,410**
		Cafeto en almáciga	**4,177,586**
		Total general:	**7,280,986**

Tegucigalpa, febrero 29 de 1880.

Comunicaciones y Discursos

Caminos... Caminos...

Noviembre de 1876

Señor Gobernador Político del Departamento de.......

EMPOBRECIDOS y diezmados los pueblos de la República, y por consiguiente faltos de los Municipios, sólo la acción esforzada y vigorosa del Gobierno podría, en situación tan difícil, proporcionar algunos medios eficaces para abrir nuevas vías de comunicación y mejorar por completo los existentes.

Mas como el Gobierno se ocupa en la actualidad de organizar la hacienda pública, vital necesidad de Honduras, como no le es dable distraer la atención de ese importante objeto para aplicarla de lleno a otros ramos de la administración que deben tener por base el arreglo y buen estado de las rentas, y como a la vez es debido aprovechar los meses de la presente estación para hacer en ellos todo lo que sea posible en orden a conservar y mejorar los caminos; por tales consideraciones me limito a dirigirme a U. previniéndole que, en su carácter de Inspector de las vías de comunicación departamentales, cuide de que, de conformidad con la ley de la materia, las Municipalidades de ese Departamento se ocupen con el mayor empeño de conservar, reparar y mejorar los caminos públicos.

Mientras el Gobierno organiza las rentas, señala en el presupuesto un fondo destinado exclusivamente a las vías de comunicación, y proporciona a los Municipios recursos y arbitrios seguros para el mismo objeto, mientras se satisface esa necesidad imperiosa, es conveniente que U. procure que las Municipalidades de ese Departamento cumplan la ley que reglamente el ramo de caminos, y que les llame la atención sobre los esfuerzos que todos los ciudadanos, y en particular los Municipios, deben hacer para lograr la apertura de nuevos caminos y la conservación y mejora de los que existen.

Con motivo del encargo indicado, haga U. prevalecer en el espíritu de los Municipios y de los habitantes de ese Departamento la idea de que las tristes consecuencias de las desgracias que ha sufrido el país provienen, en gran parte, de habernos ocupado de mucha política en vez de ocuparnos de mucha administración, y que uno de los ramos más importantes, más vitales de la Administración Pública de Honduras, es el referente a la apertura y mejora de las vías de comunicación.

Pueden sucederse los Gobiernos de Honduras mandando arbitraria o no arbitrariamente, en nombre de éste o del otro principio político, pueden sucederse las generaciones discutiendo ideas políticas y aspirando siempre a ver realizado el progreso del país, puede verificarse todo esto; pero mientras los pueblos permanezcan casi incomunicados, poco o nada puede lograrse como resultado de la acción de los gobiernos y de las sociedades. Pueblos que no se comunican fácilmente entre sí ni con el extranjero sólo pueden producir para satisfacer las primeras necesidades de la vida; mas no pueden ser productores para enriquecerse y ser grandes, ilustrados y cultos, porque el agricultor no puede exportar sus frutos, el comerciante no puede negociar con ventaja por medírselo el caro y difícil transporte de las mercaderías, el fabricante o manufacturero, no puede plantear beneficiosamente su industria, porque no puede introducir máquinas que le economicen el trabajo y le den buenos artefactos, y porque aún en la suposición de que pudiera introducirlas, emprendería un trabajo ruinoso produciendo artefactos que no saldrían del lugar de la producción, que apenas podrían tener consumo.

La consecuencia legítima que se desprende de las consideraciones anteriores, y que U. presentará de bulto a los Municipios y a los pueblos de ese Departamento, es que Honduras, sin buenos caminos, a pesar de sus valiosas riquezas naturales no puede tener Agricultura, Industria ni Comercio, no puede ser un país organizado y rico, y no siéndolo sus habitantes considerados individualmente, o formando Nación, no podrán tener verdadera independencia y libertad porque los individuos y los pueblos que no tienen como satisfacer cumplidamente sus necesidades, son muy débiles, y están expuestos a cada paso a perder su tranquilidad, y a ver conculcados sus derechos que no pueden sostener cuando una fuerza cualquiera se les opone. Los pueblos incomunicados, y por consiguiente pobres, tienen que ser víctimas de la anarquía más disolvente o del despotismo más completo.

El Gobierno que da a las vías de comunicación una importancia capital, y que ve en ellas la solución de las más graves dificultades con que ha tropezado este país, encarga a U., por mi medio, que siguiendo las ideas que dejo expuestas, vaya preparando en el ánimo de los pueblos las mejores disposiciones relativas a secundar activamente la acción enérgica que, a su debido tiempo desplegará el Gobierno, para sacar a esta República de su tradicional abatimiento, causado en su mayor parte por la falta de vías de comunicación, sin las cuales Honduras no puede aprovechar por sí sus grandes recursos naturales, ni tener inmigración que le proporcione brazos, capitales, hábitos de trabajo, enseñanza práctica de las artes y de las ciencias, y usos de la vida civilizada de que tanto necesitan nuestros pueblos para despojarse de sus viciosas costumbres coloniales.

Entre tanto le es dable al Gobierno dedicarse prácticamente al servicio de los fines indicados, atienda U. a que los Municipios hagan, en cumplimiento de la ley, todos los esfuerzos posibles para mejorar y conservar los caminos. Crea U., Señor Gobernador, que en la actual situación de los pueblos de Honduras, valen más las mejoras materiales que todos los planes políticos imaginables.

Quedo de U. atento y seguro servidor.

ROSA

Documento No.10

Política de Concordia Secretaria General del Gobierno Provisional

Comayagua, 6 de Noviembre de 1876.

Señor:

LA PAZ de Honduras es un hecho que felizmente se ve consumado de uno a otro extremo de la República: desde el puerto de Amapala hasta las Islas de la Bahía, y desde el cabo de "Gracias a Dios" hasta la frontera de Guatemala, está reconocida y acatada el Gobierno Provisional del Señor Soto, sin que para ello hayan sido parte la intriga y la violencia, medios completamente extraños a los Poderes Públicos que, como el de Honduras, se establecen confiando en la fuerza de las ideas, en la eficacia de los elementos de orden, y en un programa aceptado por la opinión general de los pueblos.

Ya que por fortuna se ha realizado la aspiración de los hondureños que proclamaron al Señor Soto para la Presidencia como a hombre extraño a las malas pasiones que han contaminado el espíritu público en el curso de nuestras luchas estériles[1], y como sujeto capaz de inaugurar un Gobierno recto e ilustrado, imparcial y justo, que difunda honra y beneficios entre los hondureños; ya que en recompensa a tan noble y patriótica aspiración se reciben en todo el país los inapreciables bienes de la paz, llegada es la oportunidad de que me dirija a Ud., cumpliendo instrucciones particulares del Señor Presidente Provisional, para manifestarle cuál es el pensamiento, cuáles los propósitos del Gobierno en orden al firme mantenimiento de la paz y de la confianza pública que, por cierto, necesitan considerable arraigo para que sea posible el bienestar y el adelanto de los pueblos de Honduras.

El Gobierno está profundamente convencido de que el principal medio de conservar la paz es el de que haya unidad en la idea y en la acción de las Autoridades de la República. De nada servirá que el Gobierno Supremo acordase de buena fe, como lo ha hecho, amplias garantías a los hondureños; que respetase, como ha respetado, la seguridad, la libertad y propiedad de los ciudadanos, si todas y cada una de las Autoridades de los Departamentos no correspondiesen, de un modo práctico, a esa mira justa y patriótica que entraña el pensamiento salvador de que haya paz permanente, para que haya trabajo, de que haya trabajo, para que los pueblos tengan patrimonio fijo, de que haya

---

[1] Palabras del acta de proclamación presidencial en Tegucigalpa.

patrimonio fijo, para que tengan consistencia en el país instituciones verdaderamente progresistas, ampliamente libres y republicanas.

Para respetar y garantizar la seguridad, la libertad y propiedad, prendas de paz y de confianza pública, es indispensable que U. deseche, como desecha el Gobierno, el pésimo sistema que preconiza la política preventiva: es necesario que U. no juzgue a los hombres y a los partidos por lo que han sido, o por lo que piensan que pueden ser: es preciso que U., los juzgue únicamente por los actos que cometan, si buenos, para recompensarlos, si malos, para castigarlos con imparcial y entera justicia. Si no se adopta este principio regenerador para Honduras, será forzoso labrar nuevos eslabones para agrandar más y más la extensa cadena de nuestros patrios infortunios: será forzoso elevar a la categoría de un sistema normal, en la República, el sistema de perseguir a los ciudadanos, de atentar contra su seguridad y propiedad, sólo porque así lo aconseja una medrosa y mezquina prevención política, sólo porque así lo aconseja la oscura y reaccionaria intolerancia del espíritu de partido.

Mas la práctica del sistema enunciado sólo puede traer la desorganización social, la perversión de las ideas, el completo caos. Si se constituye un Gobierno apoyado por una fracción exclusivista y recelosa que preventivamente hostiliza a aquella parte de la sociedad que juzga disidente, enemiga, el resultado lógico es que los perseguidos se hacen conspiradores a la fuerza, revolucionarios a la fuerza, disociadores a la fuerza; el resultado indefectible es que semejante Gobierno sólo tiene tiempo para vivir en medio de luchas que aniquilan los recursos del país, pero que, por lo mismo, no puede tener tiempo para crear hacienda pública, sin la cual no hay mejora posible ni respetabilidad para el Estado; no puede tener tiempo para cuidar de la educación de los pueblos, que es la primordial garantía del orden y del concierto público; no puede tener tiempo para servir los vitales intereses de la agricultura, de la industria y del comercio, elementos que dan ser a los pueblos, que les proporcionan crédito interior y exterior, que los sacan de la vida selvática para darles un puesto en medio de las naciones civilizadas de la tierra.

Tamaños beneficios no pueden obtenerse con el empleo de la política preventiva. Esta sólo podrá dejar ruinas y descrédito. Por esto el Gobierno la reprueba: por esto U., en el Departamento de su mando, debe desecharla, sin tener para ello vacilación alguna. Así hará U. mucho honor a su persona y al puesto que desempeña, y así también sabrá servir los intereses de nuestra pobre patria que tanto reclama un proceder ilustrado y noble de parte de sus buenos hijos.

En mérito de lo expuesto prevengo a U., que, políticamente, no prejuzgue a ningún hondureño: que a todos los ciudadanos los vea perfectamente iguales ante la ley, perfectamente iguales ante la protección que U. debe darles como autoridad de ese Departamento: que lo que permita a los unos, en uso de un derecho, lo permita a los otros: que U. sea verdaderamente liberal consintiendo la manifestación pacífica de las ideas, de las opiniones: que U., en fin, sólo ejerza su autoridad sobre actos que tengan un carácter punible, por lastimar los derechos de los particulares o alterar el orden y el reposo público.

Cumpla U. fielmente las instrucciones que dejo expuestas. El espíritu de nuestros pueblos aún no está pervertido; y cuando la Nación se convenza, prácticamente, de que el Gobierno y sus Autoridades siguen la línea recta del deber, y no las sendas tortuosas a donde conducen el egoísmo y los intereses de partido, entonces ningún revolucionario de oficio encontrará el menor eco en la República, porque los pueblos no querrán perder un sistema político, benévolo y protector, porque sabrán estimar, por instinto o por educación, lo que valen las efectivas garantías, lo que vale el respeto a la propiedad, lo que vale el bienestar que proporcionan la paz, la justicia y el trabajo.

Pero si el Gobierno no quiere ni consiente una política preventiva en cambio es de su deber proclamar y ordenar a U. el cumplimiento de los principios de una política estricta y serenamente represiva; esto es, que dada una falta, por leve que sea, un delito de cualquiera naturaleza se castigue pronta y eficazmente para reparar el daño causado. Mas para el castigo no deberán tomarse en cuenta ni la posición social, ni los nombres propios más o menos distinguidos de las personas que falten, ni los antecedentes políticos, ni las denominaciones de bandería relativas a los partidos. Todo lo contrario: se tendrá en cuenta el delito cometido y la ley que le señala una pena; pues forzoso es que la justicia no se revista de los caracteres de favoritismo o de la venganza; que se aplique, con todo rigor, pero sin inspirarse en un sentimiento personal o político.

Bajo los auspicios de una administración reparadora el Gobierno está resuelto a probar que puede sostener a todo trance, el orden público, observando procedimientos regulares: está resuelto a probar que puede conciliar los dictados de la justicia con los castigos más eficaces y ejemplares. Probará que puede haber imparcialidad cumplida, pero jamás impunidad alguna. Dígasele U. así a todas las Autoridades y pueblos de ese Departamento, a fin de que ni la lenidad ni la arbitrariedad perjudiquen los intereses y derechos de los particulares, ni venga a ser motivo de desconfianza y alarma para la sociedad hondureña necesitada de cabal justicia y tranquilidad imperturbable.

He manifestado a U., con toda claridad y franqueza, los principios fundamentales que en política profesa el Gobierno, los que U. debe hacer efectivos en ese Departamento para mantener la paz y el decoro de Honduras. Al ponerlos en práctica U. encontrará obstáculos, porque toda reforma los tiene, y más en un país no acostumbrado a un régimen de imparcialidad y de severa justicia. Pero U. no vacile ni por un momento: firme y resuelto sea U. siempre consecuente con el programa de su Gobierno. Fíjese U. en que la época actual ofrece una grande y propicia oportunidad para Honduras, y que es debido aprovecharla haciendo el bien a la República, merced a los esfuerzos más generosos y perseverantes. Yo creo que serán fecundos en resultados de provecho permanente para el pueblo hondureño, y en altísima honra a los leales servidores de la Patria.

Con particular aprecio me suscribo de U. atento servidor.

Documento No. 11

Correspondencia Privada
Tegucigalpa, 29 de septiembre de 1878

Señor General Don Enrique Gutiérrez
Los Ángeles

Distinguido amigo mío:

No siempre la justicia se hermana con la benevolencia. De ello, querido amigo mío, me da Ud. un testimonio en su cariñosa carta del 22 del corriente, en la que me felicita por la lectura que, sobre la vida y obras del Presbítero Doctor José Trinidad Reyes, di en nuestra Universidad, la noche del 15 de Septiembre último, aniversario de la Independencia de la Patria.

Ud. no ha sabido tener equidad para conmigo, al tenerme en altísimo concepto; y voy a reparar su injusticia haciéndole un caro recuerdo, en que hay mucho de grato y mucho de doloroso. Su virtuosa madre, a quien quise con entrañable amor, Doña Margarita Lozano, noble viuda del Héroe de Jaitique, tomaba siempre por gracias mis mayores travesuras de muchacho. Ud., a la ley de buen hijo, que guarda y perpetúa los efectos de sus mayores, toma por obra de gran talento las producciones mías, y hasta llega a compararme con los genios. Quien lo hereda no lo hurta. Le perdono, pues, sus juicios tan subidos porque los creo sinceros, y porque son el reflejo de la luz pura del alma de aquella santa mujer, toda bondad, toda ternura, que me prodigó su cariño, casi maternal, y que ha dejado a Ud., su hijo predilecto, el legado de su grande y generoso corazón.

Ud., que es sentidor, y que en guerra o en paz, ya empuña la espada, ya maneja la pluma, que para mí es de oro, convendrá conmigo en que hay expresiones de la amistad comparables a muy estrechos y apretados abrazos; complacen y oprimen. Y esto viene a propósito de su carta. Me ha dado un gran placer, por el sentimiento bondadoso que la dicta; pero en el inmerecido elogio que contiene, me ha causado cierta opresión del alma.

Experimentando tal sensación, no le diré ya más sobre sus apreciaciones, que asaz me honran. Le he dicho que no ha sido equitativo, y esto basta para descargo de mi conciencia. Que otros juzguen, con la frialdad de un criterio extraño al sentimiento de la exactitud o inexactitud de los benévolos juicios de Ud., en alto grado lisonjeros para mi persona.

Al finalizar su carta, Ud. añade que habría deseado apagar en mis labios la palabra sublime con que califiqué al Sacristán de San Juan de Flores, al mulato de hierro, al General Francisco Ferrera. Quisiera reiterar la palabra, si a ello diesen lugar mis convicciones; pero me es imposible, aun atendidas las observaciones de Ud., que me parecen inspiradas, un tanto, por el espíritu del partido. El oscuro mulato que, sin escuela, sale de una sacristía para combatir a los invasores de su Patria; y que con diez reclutas detiene la fuerte vanguardia de un ejército enemigo, y que por esto merece los elogios de su mismo adversario, el egregio Morazán: el mulato que, con su valor personal, como Jefe político, pone a raya los desórdenes de Tegucigalpa, aniquilando la sociedad de perturbadores criminales, llamada la mancha brava, congénere de la Garduña de España: el mulato que sube al Poder Supremo de su país, que se sostiene en su puesto, a despecho de los rudos embates de sus adversarios, de dentro y fuera de Honduras, y que llega a ejercer influencia decisiva en los destinos de Centro-América: el mulato que, por una visión de su genio, indica por vez primera, la conveniencia y la ruta de nuestro ferrocarril interoceánico: el mulato que, al fin, desoyendo las seductoras voces de la ambición de mando, busca el ostracismo, y da lugar a la tan decantada alternabilidad del Poder; tal mulato, amigo Gutiérrez, fue un mulato de hierro; tal sacristán, fue un sacristán sublime.

Comprendo la razón de la sinrazón que Ud. tiene para detestar a Ferrera y a los suyos. Ud. pertenece a la escuela a que yo no pertenezco, de los federalistas del tiempo de nuestro heroico General Morazán; Ud. es hijo del niño dulce, en los salones, como lo llamaban en Guatemala al Coronel Gutiérrez, del luchador terrible en los combates, que murió gloriosamente en Jaitique; Ud., así como tiene herencia de afectos imperecederos, tiene herencia de prevenciones y de rencores. Para bien de nuestro país olvide Ud. un poco el exclusivismo liberal de sus ilustres ascendientes, así como yo olvido el duro españolismo de mis mayores, que quizá presintieron, para este territorio semi poblado, el ruin imperio de las canallocracias, en lugar del imperio generoso de las democracias.

No tome a la mala parte cuanto le digo, ni menos se resienta con quien tanto le aprecia y le quiere. Mi acariciado deseo es que estemos de acuerdo. Las banderías políticas, que no dan a cada uno lo que es suyo, nos matan. La influencia que tengo en el Poder la ejerzo para extinguir odios, anular parcialidades disolventes, y en su reemplazo, crear y vigorizar, por la riqueza y la instrucción, grandes elementos sociales, grandes elementos económicos, grandes elementos administrativos que, andando el tiempo, den cabida, en nuestra Honduras, a la organización de verdaderos partidos políticos, que tengan consistencia y dignidad en lo anterior, y que, cuando el caso lo requiera, hagan valer ante el exterior los intereses y derechos de la Patria. Le repito que el exclusivismo político nos anonada; y quiera Dios no llegue un día en que Ud., hombre de armas y hombre público, se vea en su pueblo sin recursos intelectuales, morales y materiales, siquiera sea para sostener su propia dignidad y la honra de sus connacionales. Si estoy equivocado, los tiempos que están por venir vendrán a darme una completa rectificación. Hondureño, ante todo, lo olvido todo por pensar en la suerte de mi pueblo, trabajando porque sea el más próspero y feliz.

Me he extendido demasiado en hacerle rectificaciones. Desapruébelas o deséchelas, si así le parece; pero no olvide que, desde este Cerro de Plata, envío a Ud., a su buena Raquelita, y a sus hijos, mis más cariñosos recuerdos que, en ese Valle, no en vano llamado de Ángeles, al calor del hogar tranquilo, espero que los estimen como nacidos del corazón de su invariable y apasionado amigo.

Ramón Rosa.

Documento No. 12

Discurso del señor Doctor Don Ramón Rosa, Secretario de Instrucción Pública.

SEÑORES:

Práctica, tan piadosa como significativa, fue la de nuestros mayores que, al sentarse a la mesa de familia, rendían gracias al Hacedor de las doradas mieses que, convertidas en pan, dábales sustento para su cuerpo, animación para sus fuerzas, y alegría para su alma. A ejemplo de nuestros mayores, en este día feliz, en que, con la enseñanza que inauguramos, se ofrece el sustento de nuestro espíritu, séame dado rendir las más sinceras gracias a los Ciudadanos Beneméritos que, por vez primera, y al calor de su patriotismo, hicieron germinar en nuestro suelo la simiente de la ciencia; al Doctor José Trinidad Reyes, que patrocinó la creación de este Establecimiento de enseñanza; al Doctor Máximo Soto, que concibió y formó el primer Estatuto de esta Universidad, que fue en su origen una Academia privada; y al Doctor Juan Lindo, que la elevó a la categoría de Instituto público, habilitando legalmente para el aprendizaje profesional. Unid vuestros sentimientos a los míos, y demos gracias a aquellos ilustres Varones que no han dejado, no, en nuestra tierra, regueros de sangre; que antes bien, con su saber y con sus obras, han dejado regueros luminosos que se han percibido, como iris de esperanza, aun en medio de las asoladoras tempestades de aciagas épocas de desgobierno y de barbarie; y que hoy, que la dulce paz y la hermosa libertad imperan, expanden sus suaves resplandores, y nos hacen ver claros y dilatados horizontes, y nos hacen ver, sereno y diáfano, el puro cielo de la patria.

Manifestada mi gratitud por los hombres que hicieron la primera luz en Honduras, cuando aún poblaban nuestra tierra las sombras de la noche secular de la colonia; cumplido ya ese voto acariciado de mi alma, tómeme hablaros del pensamiento que preside al nuevo plan de estudios, de sus peculiares y más importantes caracteres, y de sus trascendencias sociales y políticas. Al hacerlo, me embarga justa y abrumadora desconfianza: pues si en este mismo recinto he podido, otras veces, hablaros de la patria y de las bellas letras, para ello, sólo me ha bastado pedir inspiraciones a mi corazón que habla muy alto; pero ahora tengo que discurrir sobre las ciencias, y que pedir ideas a mi inteligencia que, si puede expresarme así, habla muy quedo. Para que su voz se haga oír sobre un tema, de suyo árido y difícil, favorecedme con toda vuestra benevolencia, hoy más que nunca necesaria para quien no ha de atraeros con el sentimiento que seduce, para quien, con la frialdad de la reflexión, va a hablaros en nombre de los principios y de los intereses de la ciencia.

Importa, ante todo, que determine, imitando a los geógrafos, a qué altura estamos en la esfera de las ciencias. La vasta reglamentación del Código de Instrucción Pública que hoy empieza a regir, ¿marca para nosotros un alto grado de progreso? Todo lo contrario. Aunque parezca un aserto paradójico, debo asegurar que marca nuestro atraso. Los gobiernos que gobiernan menos, en materia de instrucción pública, son los que corresponden o deben corresponder a las naciones más cultas, en que la ciencia es un negociado de la sociedad que sólo requiere jurídicas garantías; en que la ciencia tiene un organismo propio; en que, como la religión, como la industria, como el comercio, es una actividad social llena de vida y de poder. Siguiendo estas ideas, entre nosotros se presenta, como en todas partes, con respecto a la ciencia, este dilema de términos indefectibles: o la iniciativa de la sociedad, o la iniciativa del Estado. Nuestra sociedad conserva, como legado, aunque legado funesto, el huraño retraimiento de los tiempos coloniales: nuestra sociedad, después de las luchas enervantes que ha traído consigo una política de parcialidades y de enconados odios, casi ha segado las puras fuentes del sentimiento y de las aspiraciones legítimas: nuestra sociedad aún permanece en ese estado de estupor que sucede a las grandes crisis: nuestra sociedad vive casi inactiva, y, tratándose de grandes intereses comunes, o es egoísta o cuando menos indiferente. ¿Qué hacer, pues, en tal situación de cosas? ¿Esperaremos que la acción lenta del tiempo a de imprevistos y extraordinarios acontecimientos vigorice nuestra sociedad, le infunda nueva vida, y la haga tomar por su cuenta el capital negociado de la instrucción pública? Nada de esto. Tal solución nos expondría a consumirnos en el quietismo de una vida asiática; y digo mal, no sería este nuestro mayor peligro, pues nuestros pueblos están tocados de la cruel enfermedad de la anarquía: nuestro mayor peligro sería el de aniquilarnos, como algunas veces ha estado a punto de suceder, entre las horribles convulsiones que producen los violentos choques de desatentadas e irreconciliables pasiones. En el Asia, la ignorancia de los pueblos es la quietud que petrifica; en América, es la anarquía que destroza. De mí sé decir que prefiero ver momias, a ver osamentas dispersas blanqueando las plazas y los caminos públicos. Es apremiante, pues, el dilema que dejo apuntado. Si uno de sus términos no es posible porque nuestra sociedad es inactiva, debemos aceptar el otro con fe y resolución: debemos aceptar la plena iniciativa del Estado. Esta solución no cuadra con el ideal de la ciencia, pero cuadra con las exigencias de lo practicable, y prepara la realización del ideal. He aquí por qué el nuevo Código de Instrucción Pública reglamenta extensamente, desde los estudios primarios, hasta los estudios profesionales, los rodea de garantías administrativas, de una intervención oficial constante y eficaz, y establece estímulos y apremios de carácter gubernativo. El Código está calcado sobre este hecho de observación: la sociedad no hace nada; el Estado debe hacerlo todo. Esto no es lo mejor, pero es lo hacedero, y es preferible al vacío, porque el vacío, en materia de educación, es la muerte de los pueblos, como en lo físico es la extinción de la vida orgánica. Mas el Código, al amoldarse a las circunstancias, no olvida los principios que satisfacen al porvenir de la ciencia y declara, en sus preliminares, que "el Gobierno tiene como principio descentralizar gradualmente la instrucción pública, y crearle la mayor suma de elementos de existencia y sólido progreso, con el objeto de que el fin científico de la sociedad se realice por medios propios, y, en lo futuro, la ciencia esté tan sólo bajo la garantía jurídica del Estado, y en ningún caso, bajo su dependencia."

Todo plan de estudios, y es nada, o debe tener un sistema. El nuevo Código establece para la enseñanza, lisa y llanamente, el sistema positivo. Esto implica para nosotros una revolución radical en las ideas, pero revolución necesaria y fecunda. De su éxito dependen nada menos, que el porvenir de la República. No creo aventurar frases vacías de sentido. Para comprobar mis asertos voy a hacer un breve pero suficiente análisis de los tres grandes sistemas que, respecto a la enseñanza, han dividido las opiniones del mundo sabio.

Los hombres, después de haber pasado por las varias evoluciones que exigió la formación de la familia, de la tribu y de la ciudad, constituyeron naciones organizadas y regidas por grandes teocracias. Así debió ser, y esto fue un notable progreso: la idea de lo sobrenatural reemplazó al instinto de la fuerza bruta: del despotismo de la materia, que no se discute, hubo que pasar al despotismo del dogma, también indiscutible. Pero el dogma implica una creencia, y la materia sólo revela una fuerza; el dogma tiene un sentido moral, y la materia una aplicación inconsciente. El sentido moral del dogma y las creencias que engendró constituyeron, desde la más remota antigüedad, un sistema para la enseñanza; sistema con que las castas sacerdotales, rodeadas de privilegios, de misterios y de prestigios, que oso llamar sobrenaturales, han dominado al mundo en los antiguos tiempos, y en mucha parte, en los tiempos modernos.

Ahora bien; ¿es justificable y provechoso para la enseñanza el sistema teológico constituido por la casta sacerdotal y calcado sobre ideas extranaturales? Para su época fue provechoso y justificable, como justificable es la esclavitud comparada con el derecho de dar muerte al vencido; como justificable es el feudalismo comparado con la esclavitud; como justificables son las monarquías absolutas comparadas con el feudalismo; como justificables son las monarquías constitucionales comparadas con el absolutismo de Luis XIV o de Felipe II. Pero en nuestra época, después del Renacimiento, de la invención de la Imprenta, del hallazgo del Nuevo Mundo, de la Reforma religiosa, de la Filosofía del siglo XVIII, de la Revolución francesa, del planteamiento de la República en América; ¿tiene alguna razón de ser, y alguna utilidad práctica el sistema teológico en la enseñanza? Ninguna razón, ninguna utilidad. Razón de ser tuvo el absolutismo del papado cuando se encarnó en su más genuino representante, Gregorio VII; pero no tiene razón de ser el Syllabus de Pío IX contrapuesto a los arraigados progresos de la ciencia moderna y del moderno derecho. Si nuestra época es de libre examen, si la libre investigación ha penetrado, por decirlo así, hasta en la médula de nuestros huesos, si las ciencias exactas, naturales, la industria y el comercio forman hoy poderosos organismos, con vida propia, y antes casi atrofiados por la acción de la teocracia o del Estado, prueba todo esto que la situación social de los pueblos ha cambiado radicalmente.

La situación social es completamente nueva, y entraña nuevas ideas, nuevas creencias, nuevas necesidades, nuevas costumbres, nuevas aspiraciones. ¿Podréis satisfacerlas dando a la juventud una enseñanza teológica? Formad, si podéis, jóvenes eruditos que diserten en lengua latina, sobre si todo está en Dios, como pensaba Spinoza, en todo viene de Dios, como pensaba San Pablo; sobre las virtudes de la gracia; sobre cuáles son las verdaderas y cuáles las falsas decretales. Formadlos de esta suerte, y yo os aseguro que aun en nuestro mismo país, vuestros eruditos en teología y en cánones serán en sí una esterilidad, y una carga pesada para sus familias, y, lo que es peor, una perturbación para el Estado. En la Edad Media podrían haber vivido, y aun ser provechosos, en buen hora; pero en nuestros tiempos de libertad, de industria y de comercio, son como plantas exóticas que tienen que morir por falta de aire respirable, y si en breve no mueren, tienen que vivir merced a la cuestación social, o merced al uso execrable del trabuco del padre Santa Cruz. (Grandes aplausos.) No; nadie, absolutamente nadie, ha podido ni podrá torcer las corrientes de las ideas progresivas que dominan en una época; y las ideas de la nuestra han condenado irremisiblemente la enseñanza teológica. Y cuenta con que no merece nuestro desprecio: yo juzgo que fue útil y grande en su tiempo; juzgo, además, que debe estudiarse ese sistema, pero como punto histórico, a la manera que el naturalista estudia los fósiles para reconstruir animales organismos cuyas especies se han perdido para siempre. (Aplausos.)

Aunque la razón humana suspenda a veces su vuelo, como para tomar descanso, empero, no descansa; no hace más que reconcentrar laboriosamente su actividad para cobrar nuevas fuerzas, y desplegar sus alas para remontarse a inexploradas y más luminosas regiones. Llegó un día en que el dogma y el misterio no satisficieron al entendimiento, en que éste de la región sobrenatural partió a la región natural. La ciencia, desde entonces empezó a perder su carácter divino; comenzó a tener un sentido humano; la revelación dejó de ser la única clave de las verdades científicas, y vino a reemplazarla, en mucha parte, la disquisición metafísica sobre los primeros principios del Universo, sobre los atributos fundamentales de los seres, sobre la esencia de las cosas. A la misteriosa teología sucedió, por una progresión lógica, una abstracta ideología. ¡Qué paso tan gigantesco en la marcha de las ciencias! Del infinito desconocido se pasó a lo finito para buscar sus primeras causas, y penetrar en la esencia de los fenómenos de la vida y de la naturaleza. El problema científico cambió de términos: la posición del observador fue distinta. Los términos del problema fueron menos elevados, pero más accesibles; la posición del observador menos grandiosa, pero más racional. El hombre, alejándose un poco de lo impenetrable, se hizo más humano, y empezó a comprender mejor su destino.

Tan marcada y trascendental evolución en la marcha de las ciencias trajo, como era natural, un nuevo sistema para la enseñanza: el sistema metafísico. Debido a este sistema se revelaron en las escuelas un mundo ideal y grandes síntesis para explicar la creación de los seres, las fuerzas y el movimiento de la materia, la esencia de los cuerpos y de los espíritus y sus misteriosas comunicaciones, la esencia de las actividades del alma humana, la generación y modo de obrar de sus fenómenos, y las relaciones de todo lo creado con una causa primera, con Dios. Tal sistema, como todo lo que es artificioso, tuvo un difícil procedimiento de exposición, tuvo, si puedo decirlo así, su idioma aparte. Esto era muy lógico. Los sacerdotes, poseedores de la ciencia antigua, tuvieron su lenguaje esotérico, y exotérico; el uno para los iniciados, para los escogidos, el otro para el vulgo. Los metafísicos emplearon un método análogo: constituyeron una argumentación silogística, como medio expositivo de abstractas ideas, y formaron una vasta dialéctica. Entonces a la sagrada autoridad del sacerdote sucedió la autoridad incontestable del maestro: la razón del discípulo cambió de vasallaje. Ya no se sometía al hombre semidivino, pero se sometía al hombre semihumano, colocado más allá de la experiencia: ya no se doblegaba ante una fórmula misteriosa, pero se rendía ante la legitimidad de un silogismo. El despotismo intelectual venía de menor altura, carecía de prestigios sobrenaturales, pero en cambio era más fácil, mucho más fácil de romperse. Gracias, pues, sean dadas a las tiranías de los maestros dialécticos, porque ellas libraron al mundo de las tiranías de la casta sacerdotal; porque es indudable, señores, que las peores tiranías son las que se ejercen sobre las conciencias, en nombre de Dios! (Grandes aplausos.)

Pocos, muy pocos, admirarán, como yo admiro, la grandeza de las concepciones de los hombres de genio que, en los dominios de la metafísica, llevados de un nobilísimo afán, han sido como nuevos Prometeos pretendiendo arrebatar el divino fuego del cielo. Pocos, muy pocos, admirarán, como yo admiro, la influencia benéfica que sus laboriosas meditaciones han ejercido en la ciencia. San Agustín, Tomás de Aquino, Abelardo, Malebranche, Leibnitz, Spinoza, Kant, me parecen águilas extraordinarias que se han esforzado en volar por lo infinito, pero que han abatido su vuelo, y plegado sus alas sobre los altos peñones de que partieron, porque más allá de la región de la atmósfera no han podido vivir, ni revelarnos, siquiera una mínima parte, de los inescrutables arcanos que guardan los seres y los mundos, como para evidenciar a cada paso su soberana é indefinible grandeza, y la infinita y abrumadora pequeñez de los hombres. Yo reconozco que la metafísica, aunque a veces inconscientemente, prestó los eminentes servicios de sustraer la ciencia al dogma, y de preparar, con sus disquisiciones abstractas, la era feliz del libre examen, de las observaciones concretas, de los análisis fecundos en resultados para el bienestar, para la felicidad de la especie humana.

Pero la época de la metafísica ha pasado: cumplió su destino; su sistema no puede resucitar, como no pueden resucitar los hombres, cuando después de haber cumplido su fin, la muerte les señala su término fatal. La duda de Descartes, el método de Bacon, la risa de Voltaire, el descreimiento de los Enciclopedistas, los progresos de las ciencias fisicomatemáticas nos dicen que la metafísica está en su osario, y que no podrá reaparecer. Y hay razón para que no reaparezca: hoy para la ciencia nada vale la legitimidad del silogismo, que no es la verdad: lo que vale es la exactitud de la observación o de la experimentación: en nuestro siglo la ciencia no es dialéctica, es más bien crítica.

Podrá argüirse que esta es una ciencia rastrera que no se eleva a sublimes concepciones. Acepto cuanto el antojo quiera decir. Pero en cambio, yo os emplazo para que, después de haber estudiado y meditado mucho las obras de los filósofos más ilustres, desde Thales de Mileto hasta Sócrates, desde Sócrates hasta Aristóteles y Platón, desde Aristóteles y Platón hasta Cicerón y Séneca, desde Cicerón y Séneca hasta Abelardo y Tomás de Aquino, desde Abelardo y Tomás de Aquino hasta Malebranche y Leibnitz, desde Malebranche y Leibnitz hasta Cousin, Jouffroy y Balmes; yo os emplazo para que, después de asiduo estudio y de profundas meditaciones, me digáis, de un modo asertivo y concluyente, cuál es la esencia de la materia, cuál su origen; cuál es la esencia del alma humana, y cómo se efectúa su comunicación con el cuerpo; cuál es la esencia de las causas primeras, y cuáles sus modos de obrar en la generación y conservación de los seres; en suma, sustancialmente, de dónde venimos, qué somos, a dónde vamos. Después de haber sondeado estos problemas los pensadores de todos los siglos; después de haberse agotado en su examen extraordinarios esfuerzos de reflexión o de ingenio; qué nos queda? ¿Nos queda alguna verdad concluyentemente demostrada, que sea como luz que alumbre los laberintos de la ciencia? ¿Nos quedan fecundas convicciones que satisfagan a nuestra conciencia y a nuestra razón, y que sean como leyes inmutables, reguladoras de nuestra vida? No; nos quedan hipótesis más o menos ingeniosas, más o menos satisfactorias para nuestro orgullo; pero las hipótesis no son ni pueden ser la verdadera ciencia. Y bien: si los más grandes genios que honran a la humanidad, después de estudios seculares, nada definitivo han podido resolver, nada concluyente sobre los problemas metafísicos que ofrecen la naturaleza y la vida; ¿podréis vosotros definir algo? ¿Podréis llevar con éxito, con resultados prácticos, el sistema metafísico a la enseñanza? No podréis hacerlo, porque a ello se oponen la experiencia de los siglos y los dictados de la razón. Tenéis, pues, que convenir en que la época del sistema metafísico ha pasado, y en que si ha de darse a nuestra juventud una instrucción verdaderamente científica, sólida y provechosa, hay que proscribir, como fundamento de la enseñanza, al sistema metafísico; hay que buscar nuevos rumbos para emprender la difícil peregrinación que conduce a la ciencia; hay que despojarse de tradiciones de escuela, halagadoras para nuestra vanidad, y estériles para nuestro bien; hay que despojarse de hermosas y seductoras ilusiones; hay que apartar los ojos del cielo de un mundo ideal, y convertirlos a la tierra para ver y examinar la verdad que está encerrada en los prosaicos hechos, como en las toscas conchas se encierran las finas y brillantes perlas que, después de extraídas por los buzos, aparecen radiantes de hermosura en las coronas de los reyes. (Aplausos).

Cuando han pasado las ilusiones es cuando el hombre es más sensato; cuando han venido los desengaños es cuando el hombre es más reflexivo y práctico. No obstante, toda caída, y más cuando se cae de lo ideal, produce un dolor infinito; pero toda caída trae consigo una rehabilitación. La ciencia ha caído primero desde el cielo inconmensurable de la teología; la ciencia ha caído después desde las nubes vaporosas de la ideología. Yo comprendo el dolor que tales caídas producen a los amigos del pasado, a los que creían vivir en el cielo, a los que creían cernirse en el éter. Yo hago justicia a su gran pesadumbre. Los sistemas mueren dejando siempre una orfandad en las inteligencias, tan dolorosa como desesperante, y es que las palpitaciones del corazón no son extrañas a las palpitaciones de la ciencia. Nuestro organismo es un cúmulo de afinidades aun no comprendidas lo bastante, aun no definidas por completo, ni aun en sus manifestaciones más someras. Por esto no tendrán término los destinos del arte. Uno de los poemas más excelsos de lo porvenir será el poema de las ciencias que, con mucho, aventajará al de Homero, porque las ideas científicas, que vivifican é inspiran a un gran corazón, tienen sublimidades y proezas más extraordinarias que las de los antiguos dioses y los antiguos héroes.

Pero me aparto de mi objeto, llevado por mi afición al arte. Perdonadme, Señores, voy a reanudar mis ideas. Decía que las ilusiones han pasado, que los desengaños han venido, haciendo al hombre más reflexivo y más práctico, y que toda caída trae consigo una rehabilitación. En el estado reflexivo y práctico que ha sucedido a las ilusiones teológicas y a los desengaños de la metafísica; caídos para la investigación científica y para la enseñanza los sistemas teológico y metafísico; ¿qué sistema repondrá las fuerzas perdidas? ¿Qué sistema forma o ha de formar el nervio, la actividad de los hombres de la ciencia? —¿Qué sistema ha de dar vida y calor a la enseñanza? Después de la caída, ¿qué sistema ha de constituir una rehabilitación? En concepto del Gobierno, expresado en el nuevo Código, el sistema que ha de reemplazar a los ya inadmisibles es el sistema positivo.

La metafísica se funda primordialmente en lo que está más allá de la experiencia; la ciencia positiva se funda primordialmente en los hechos que están bajo el dominio de la observación: la metafísica plantea problemas que no puede resolver porque carece de medios analíticos; la ciencia positiva plantea problemas que resuelve, porque tiene medios para el análisis: la metafísica es abstracta y las más veces da conclusiones hipotéticas; la ciencia positiva es concreta y da conclusiones prácticas: la metafísica es casi estéril para los usos de la vida; la ciencia positiva es siempre provechosa para satisfacer las naturales necesidades del hombre: la metafísica, tan vagarosa, tan ideal, tan atrevida, cuadra con nuestra vanidad; la ciencia positiva, tan definida, tan real, tan modesta, cuadra con nuestros instintos y con nuestra conciencia: la metafísica marca el período de las ilusiones científicas; la ciencia positiva marca el período de la reflexión y de la sensatez.

Después de las diferencias apuntadas no se necesita un esfuerzo de lógica para deducir que el criterio de la ciencia positiva es el que debe adoptarse como preferible para la enseñanza. Y esta preferencia no sólo se deriva de las consideraciones generales expuestas: tiene en su apoyo el fundamento de hechos incontrovertibles. Es ya una verdad, que nadie pone en duda, el estacionamiento en que han permanecido las ciencias morales, formando contraste con los maravillosos progresos de las ciencias naturales. ¿Cuál es la clave de este fenómeno patente a todas luces? La clave es conocida. El criterio metafísico ha causado el estacionamiento de las ciencias morales, al paso que el criterio positivo ha producido los portentosos progresos de las ciencias físicas y naturales. Hay más: observad en la vida los resultados de la instrucción dada bajo los auspicios de uno y otro criterio. ¿Qué suerte tienen en nuestro país, y fuera de nuestro país, los individuos de conocimientos exclusivamente metafísicos? Por lo común, la más adversa a la satisfacción de sus necesidades. Sus conocimientos no los ponen en aptitud de alcanzar, por el trabajo, que es la ley de la vida, los medios de atender a su subsistencia y a la de los suyos, y de contribuir al bien social. La hipótesis, sobre lo esencial de las cosas, no conducen a trabajos útiles que el mundo aprecia y remunera. Por lo contrario; ¿cuál es la suerte de los individuos que, bajo el criterio de la ciencia positiva, adquieren conocimientos de práctica utilidad? Podéis notarlo entre nosotros mismos. ¿Quiénes son más útiles y más felices, nuestros Bachilleres que, después de cuatro o cinco años de estudio, nos hablan mucho de Ontología, de Teodicea y de Dialéctica, y que no pueden procurarse una ocupación provechosa; o nuestros telegrafistas que, con seis meses de estudio de una de las aplicaciones de la electricidad, prestan servicios importantísimos, y tienen siempre un empleo que satisface a sus necesidades y a las de sus familias? Esta pregunta versa sobre un hecho vulgarísimo, que está a la vista de todos. La respuesta no puede ser dudosa: sería hasta impertinente el expresarla.

Si el fin de la vida es el bien, procuremos el bien de nuestra juventud proporcionándole una instrucción positiva, fecunda en resultados para su felicidad individual, y para el bienestar y progreso de la nación. Yo sé perfectamente que en contra de tal propósito se dirá, en nombre de las preocupaciones, que la ciencia positiva es una ciencia materialista, impía, contraria a las inspiraciones de la religión y a los dictados de la moral. Nada sin embargo, tan errado como este modo de raciocinar. La ciencia positiva busca los hechos observables, y esto no entraña un materialismo repugnante: la ciencia positiva es humilde, tiene en cuenta la flaqueza de nuestras fuerzas, y sólo aprovecha los medios naturales de observación: lejos de ser impía es profundamente cristiana, porque no obedece a las sugestiones del orgullo. Littré, el sucesor de Augusto Comte, el admirable sabio positivista, no ha negado a Dios, no ha negado lo que está más allá de la experiencia: se ha limitado a decir que sobre lo metafísico nada sabe científicamente, porque carece de medios de observación, porque su razón no puede ir tan lejos. Esta humildad del sabio no es, no puede ser una impiedad. La ciencia positiva no es una ciencia de negaciones: es, en mi sentir, lo que debe ser, una ciencia de afirmaciones. Bajo este concepto nada niega a la conciencia que se sienta inspirada por la fe, nada a la moral que consagra el deber. La ciencia que proclama, como primordiales deberes del hombre, el deber de instruirse a sí mismo y de instruir a sus semejantes, es, a mi juicio, la ciencia más profundamente moral, más profundamente religiosa. Creo, pues, en absoluto justificadas la legitimidad y la conveniencia del sistema positivo que el nuevo Código adopta, para que sea como el alma, como la inspiración de la enseñanza. (Aplausos).

La ancha y sólida base de todos los conocimientos se halla en la instrucción primaria. He aquí porqué el Código la organiza y reglamenta antes de organizar y reglamentar los estudios secundarios y profesionales.

En consonancia con la Constitución política, la instrucción primaria ha sido declarada laica, obligatoria y gratuita.

Separada entre nosotros la Iglesia del Estado, éste no puede, á virtud de ninguna de sus funciones administrativas, imponer un credo religioso, cualquiera que éste sea. En materia de enseñanza tiene, pues, que proporcionar una instrucción puramente civil. La conciencia es y debe ser extraña a la acción del Estado. La conciencia de los individuos, que es, por decirlo así, su sentido religioso, no debe recibir las inspiraciones de la escuela oficial, que solo debe dar ideas, conocimientos. La conciencia de la juventud únicamente debe formar su fe, recibir sus inspiraciones religiosas bajo los auspicios de la familia y del sacerdocio. Tal separación ennoblece al Estado y dignifica la religión: el Estado no podrá ejercer ninguna tiranía sobre la conciencia, y la fe religiosa, inspirada por la familia o por el sacerdocio, será siempre vivificada por la pureza del corazón y por la sinceridad del sentimiento.

El carácter obligatorio de la instrucción primaria es una consecuencia de las circunstancias de nuestro modo de ser social. En principio, así como el hombre es libre para pensar, para creer, para obrar, debe serlo para instruirse. Pero es condición fatal de los pueblos incipientes la necesidad de que, para su desarrollo, reciban algunas veces la intervención coercitiva del Estado. Tratándose de la instrucción primaria, esa intervención está legitimada entre nosotros por la necesidad. Nuestros pueblos fueron colonos de la España, y por una especie de salto, que cada día me asombra y maravilla más, pasaron a la vida de la República, sin luz en la conciencia, sin ideales en la mente, sin rectos móviles para su voluntad, en suma, sin educación. Necesitamos, pues, a todo trance, que para que la República viva y sea lo que debe ser, la consagración de la inteligencia, de la libertad, del derecho, nuestros pueblos se compongan de ciudadanos conocedores de lo verdadero y de lo justo, apreciadores de sus derechos y obligaciones. Mas este resultado no podremos alcanzarlo sin la escuela primaria, y debido al atraso de nuestra población, la escuela primaria permanecerá casi desierta si los padres de familia no saben que pesarán sobre ellos los apremios del Estado, cuando sus niños no cumplan el deber de concurrir a la escuela, que ha de moralizar su corazón, é ilustrar su inteligencia, que ha de ponerlos en aptitud de ejercer, en la vida social y política, las primordiales funciones de la ciudadanía. En los Estados Unidos de América no se comprende que pueda haber apremios para que los padres de familia manden sus hijos a las escuelas. Allí la educación ha fortificado el buen sentido de todas las clases sociales, y desde el estadista hasta el campesino, todo el mundo comprende su interés y obra como debe. En nuestro país, en sentido inverso, no se comprende cómo pueda dejarse una completa libertad a los padres de familia, tratándose de la educación primaria de sus hijos. Tenemos, por lo tanto, que aceptar, contra la rectitud de los principios, una verdadera anomalía, pero anomalía justificable, porque son buenos los procedimientos anómalos que no hacen retrogradar a los pueblos, que, subordinados a un noble y alto fin, los llevan, aunque por vías tortuosas, a la región de la luz y de la libertad. Esa es nuestra tierra prometida, pero antes ¡ay! tenemos que pasar por áridos desiertos.

También, como una necesidad de nuestro estado social, y como una justa compensación, la enseñanza primaria es y tiene que ser entre nosotros gratuita. La enseñanza es un servicio como otro cualquiera, y en rigor debiera remunerarse. Pero el Estado tiene un alto interés en que se formen ciudadanos útiles: la República puede vivir, aunque sin lustre, sin filósofos, sin historiadores, sin literatos, sin ingenieros, sin jurisconsultos, pero la República no puede vivir sin ciudadanos: la escuela primaria, donde éstos empiezan a formarse, es para la universalidad de los pueblos, y la mayoría de éstos carece de recursos.

Este cúmulo de circunstancias hace, pues, que la instrucción primaria sea gratuita, que el Estado, respecto a ella, ejerza una acción protectora, desinteresada, que no tenga en mira más que el bien social.

Es de notarse que en la reglamentación de la instrucción primaria, relativa a su dirección e inspección, el Código acude a la acción de empleados del orden administrativo y municipal, en vez de crear un organismo aparte, con empleados especiales llamados a ejercer las altas funciones de la dirección e inspección de la enseñanza primaria. Este sistema es el que da en otros países los más satisfactorios resultados, y dichosos seríamos si pudiéramos verlo planteado entre nosotros. Pero a ello se oponen, por ahora, dos razones capitales: carecemos de fondos para crear un organismo aparte de dirección e inspección, y además, doloroso es decirlo, no hay muchas personas que pudieran encargarse, con solicitud, del cometido importantísimo de trabajar afanosamente por la consolidación y progreso de la instrucción primaria.

Y ya que he expresado un sentimiento de pena, producido por la falta de colaboración social en orden a la enseñanza primaria, viene a cuento hacer hincapié sobre este punto de vital interés. Me dirijo, en particular, a las clases propietarias, inteligentes y civilizadas del país.

Apenas hace seis años que todos los individuos que en Honduras pensaban algo, reflexionaban algo, o poseían algo, tenían en el alma el espanto o la desesperación. Temían, a cada paso, la repetición de irrupciones salvajes llevadas a cabo ¡quién lo creyera! en nombre de principios políticos, irrupciones que sembraban por todas partes la desolación y la muerte. Recordadlo bien. Turbas incultas azuzadas por un caudillaje todavía más inculto, por largos años, os mantuvieron en una vida de horrores, en que sólo se hablaba, con trémula voz, de asesinatos, de incendios, de saqueos, y de otros más horribles crímenes que el pudor se resiste a mencionar. Aun los niños, que luego se distraen, conservan todavía en la memoria aquel grito fatídico que os hacía temblar……… ¡Los Indios! (Grandes aplausos.)

Ahora bien; esos males no existen porque se han aplicado a nuestras llagas sociales los cauterios de leyes previsoras, severas é inflexibles; pero esos males podrán repetirse cuando faltan, en el Gobierno del país, imparcialidad, entereza y previsión. Conviene, pues, que reflexionemos, y os invito a reflexionar. ¿Quién desangraba, empobrecía y deshonraba a nuestra sociedad? ¿Quién conculcaba todo derecho, y pisoteaba todo deber? ¿Quién turbaba el sueño de vuestras noches y la serenidad de vuestros días? ¿Quién? ¿Era la persona del malaventurado caudillo, o la persona del pobre indio? No; era algo peor: era la ignorancia que se servía de esos instrumentos. (Prolongados aplausos.)

Pero sucede que en sociedades conmovidas por las pasiones, y trabajadas por alzamientos vandálicos, llega a perderse hasta la rectitud del instinto, y a apoderarse de los ánimos una especie de distracción profunda. Se siente el mal, se palpa, se llora hasta con lágrimas de sangre, y sin embargo, no se halla el remedio que puede curarlo. Me ha sucedido, bajo la influencia de un gran sentimiento, estar profundamente distraído, tener en el bolsillo o en la mano lo que más deseo, y sufrir y no hallar el anhelado objeto. Así está nuestra sociedad: está profundamente distraída, ha sentido sus acerbos males, y presiente los que pueden venir; y sin embargo, señores, el remedio está en vuestra mano, y podéis aplicarlo si queréis; sacudid vuestra distracción, é instruid a los pueblos: he aquí el remedio heroico de la sociedad que formáis. Si se necesita una prueba de hecho, voy a darla. ¿Sabéis de dónde salió Cabañitas, el cerrajero esforzadísimo, cuyas hazañas ha historiado bellísimamente el primero de nuestros Estadistas, que es también una de nuestras primeras glorias literarias? ¿Sabéis de dónde salió aquel héroe humilde que, hace pocos años, salvó a todo un pueblo de los horrores de la barbarie? Salió de la escuela primaria, en donde supo que en la sociedad debe haber orden, derechos y deberes que respetar y hacer cumplir. ¿Sabéis, por lo contrario, de dónde salieron los indios García y Vasquez, el Corta–Cabezas? ¿Sabéis de dónde salieron aquellos nuevos vándalos que llevaban por doquiera la destrucción y la muerte? Salieron de la ranchería salvaje, en donde aprendieron a matar y á rugir como las fieras, y a tener sangrientos festines como los de los cuervos. (Aplausos.)

No toméis á mala parte el que os haga recuerdos tan tristes, más que tristes odiosos, en este día consagrado a solemnizar las letras que tienen por cortejo la paz, la justicia y la benevolencia. Si algún reproche hubiere, que no lo espero, a mis reflexiones sobre el pasado, me probaría que nuestra dolorosa historia para nada sirve, y que no estáis dispuestos a meditar sobre sus enseñanzas, a sacar partido de sus elocuentes lecciones que nos dicen que instruyamos a los pueblos, para que pongamos radical remedio a los acervos, a los horribles males que de antiguo nos aquejan. Convenzámonos: nuestra historia nos demuestra que la instrucción primaria es un negociado que a todos nos corresponde, de un modo tan inmediato, tan directo, a la manera que nos corresponden nuestros particulares intereses, que atañen a nuestra individual conservación y a nuestra felicidad personal. Cuando al caer la tarde veo a los pobres niños del pueblo salir de la escuela primaria, con sus cartapacios bajo el brazo, yo me digo, emocionado por la alegría, esto me pertenece, esto es mío, esto formará parte de mi existencia y de mi suerte: estos niños que se instruyen prometen paz para mi patria, orden para la sociedad en que vivo, producción para nuestra industria y nuestro comercio, adelantamiento para nuestras letras, en suma, bienestar común que asegurará mi felicidad individual. Por lo contrario, cuando al medio día, a las horas del trabajo, veo errar, por las calles, a niños ociosos, o los veo, en empobrecidos barrios, mecerse en las hamacas, con todas las voluptuosidades de la pereza, yo me digo, con tristísimo y profundo desaliento, esto me pertenece, esto es mío, esto formará parte de mi existencia y de mi suerte: estos niños que se embrutecen darán la guerra civil para mi patria, el desorden para la sociedad en que vivo, la ruina para nuestra industria y nuestro comercio, el retroceso para nuestras letras, en suma, todo género de desgracias y calamidades en que tomaré parte sufriendo personales infortunios! (Aplausos.) Os lo digo por última vez, Señores, la instrucción primaria constituye para nosotros un interés vital: en ella está cifrada la suerte de nuestro porvenir. Esperad todo lo bueno y honroso de los pueblos que se forman en la escuela; pero temed todo lo malo y oprobioso de los pueblos que se forman en las asonadas de pandilla, y en las orgías de la taberna. Probad que conocéis vuestro interés, que sabéis atenderlo, y que amáis a los pueblos, cooperando a su enseñanza. Qué no se den abrazos y apretones de mano a la plebe, que la experiencia prueba que esa política es tan necia como contraproducente. Qué no se adule la ignorancia, que esta adulación es la más estúpida y criminal de las adulaciones. Dad, en cambio, instrucción, mucha instrucción a los pueblos, que la experiencia de todos los países cultos prueba que esa política es la de la honradez, la de la cordura, la del buen sentido práctico, la del grande, noble y generoso patriotismo! (Grandes aplausos)

La segunda enseñanza, antes del reglamento provisional, emitido en 15 de Agosto de 1878, era entre nosotros casi desconocida. La segunda enseñanza se limitó, durante muchos años, a proporcionar algunos conocimientos de la lengua latina, algunas nociones de filosofía escolástica, y, como cosa secundaria, en algún tiempo, elementales ideas de determinados ramos de matemáticas puras. Con tal aprendizaje se alcanzaba el bachillerato en Filosofía. Esta era la preparación que se daba a la juventud para disponerla a estudios mayores.

El Código de Instrucción Pública ha adoptado un nuevo sistema, dando a la segunda enseñanza toda la importancia que merece. Con ella adquirirá la juventud conocimientos lingüísticos, geográficos, históricos, literarios y físico–matemáticos que la pongan en capacidad no sólo de tener una base sólida para estudios profesionales, sino también de aprovechar su aprendizaje en el sentido de obtener prácticas utilidades.

No debe organizarse de otra suerte la segunda enseñanza. No se comprende cómo un joven, sin conocer nuestro idioma, sin conocer, por lo menos el francés o el inglés, sin conocimientos en geografía, en historia, en ciencias naturales, en ciencias físico–matemáticas, en literatura y filosofía positiva, pueda ser hábil para adquirir, con buen éxito, conocimientos facultativos en cualquiera de los ramos del saber humano. Toda profesión constituye una serie, rigurosamente dialéctica, de conocimientos científicos: la segunda enseñanza forma el término medio de esa serie. Cuando falta un segundo aprendizaje sólido y amplio, sólo puede suplirse después, aunque imperfectamente, por un gran talento y una decidida consagración al estudio; pero estas dotes inapreciables no son comunes, y de aquí proviene que, en la generalidad de los casos, nuestros conocimientos facultativos, faltos de sólida base, llevan el sello de la imperfección, lo que ocasiona fiascos en la práctica, y carencia de lucimiento cuando se trata de exponer conocimientos profesionales. Tampoco se comprende porqué la segunda enseñanza ha de continuar siendo lo que ha sido, un pequeño conjunto de conocimientos teóricos sin provecho para los distintos usos de la vida.

Todo conocimiento debe ser útil, debe ser encaminado a satisfacer una necesidad. Por esto el Código reglamenta los estudios secundarios de tal modo que quienes los hagan puedan servirse de ellos como de un elemento de producción. No todos los jóvenes pueden hacer estudios profesionales, sea por falta de vocación, sea por falta de recursos. Pero bastará que se instruyan en los Colegios de segunda enseñanza para que puedan salir a ocuparse útilmente, ya aprovechando sus conocimientos literarios en la prensa o en las oficinas públicas, en el profesorado primario o secundario, ya aprovechando sus conocimientos en matemáticas y teneduría de libros, para servir en casas de comercio o en oficinas fiscales, ya aprovechando, en fin, sus conocimientos en física, en historia natural y en agricultura, para servir en empresas industriales, mineras o agrícolas. La situación de nuestro país requiere muchas aptitudes para el trabajo, para el cultivo de las artes de la paz, ya que por desgracia se han cultivado, á maravilla, las artes de la guerra y de una política funesta. El Código, pues, satisface a un gran fin social dando a la segunda enseñanza las condiciones que la hagan idónea para que produzca grandes resultados en provecho positivo de los individuos, y en beneficio práctico de la nación.

La enseñanza profesional ha sido confiada por el Código a la Universidad, cuyo Gobierno corresponde a un Rector y a un Consejo supremo. La Universidad se ha dividido en Facultades, división exigida por la indisputable conveniencia de dar a cada uno de los estudios profesionales una dirección y una inspección especiales: teniendo cada uno de los ramos facultativos cualidades y condiciones que le son propias, exclusivas, no puede bastar para su arreglo, para su peculiar enseñanza, la acción del Gobierno general de la Universidad. He aquí evidenciada la necesidad de las facultades, llamadas a consagrar una particular atención a todos y a cada uno de los detalles de la respectiva enseñanza profesional.

Se han creado las facultades de Jurisprudencia y Ciencias políticas, de Medicina y Cirugía, y de Ciencias. Cada una de las facultades comprende estudios dependientes de los principales, para la adopción de profesiones que pueden obtenerse con pocos años de aprendizaje, y que están más al alcance de la generalidad.

En el plan de estudios de la facultad de Jurisprudencia se ha atendido a que la enseñanza no se limite a dar conocimientos puramente jurídicos para la formación de abogados: se ha atendido a que proporcione además prácticos conocimientos en las ciencias políticas para la formación de publicistas, de estadistas, de hombres de gobierno, de que tanto ha carecido el país. El derecho internacional, el derecho político, el derecho administrativo, la estadística, la economía política, y la política económica, son ramos de enseñanza de alto interés para nosotros. Fácil es conocer el tuyo y el mío, la doctrina sobre los delitos y las penas, especialmente con el auxilio de una legislación clara y metódica como la nuestra; pero difícil y muy difícil es conocer y apreciar debidamente los complicados intereses políticos y administrativos del país. Solo pueden conocerse y apreciarse, como es deseable, merced a grandes y especiales estudios que suministran aptitudes para análisis exactos y para generalizaciones inequívocas. Si en nuestro país de antiguo se hubiesen aprovechado las lecciones prácticas de las ciencias políticas y administrativas, otra sería nuestra situación, otra nuestra suerte: se habrían evitado muchos desaciertos políticos que han sido fecundos en desastrosas guerras, ya civiles, ya internacionales: se habrían evitado desaciertos administrativos que han estado a punto de acabar con la riqueza pública del país y con su crédito interno: se habría evitado, en fin, el desacierto de los desaciertos, ese grande escándalo que se llama los empréstitos de Honduras en el extranjero, empréstitos que pesan, sin que lo merezca, sobre el nombre de un pueblo inocente. (Prolongados aplausos.)

Estúdiense las ciencias políticas y administrativas, y se verá cómo el país consolida y aumenta sus recursos, y cómo el Gobierno se hace poseedor de verdaderos elementos de existencia, de progreso y de respetabilidad. Puesto que viene el caso, voy a dar de ello una demostración práctica que tiene en su abono la evidencia de los hechos. En cinco años se han quintuplicado nuestras rentas; se han amortizado la mayor parte de nuestra deuda interior, y algunas de nuestras deudas exteriores; se ha hecho una reforma completa de nuestra Legislación, se han mejorado nuestras vías de comunicación; se han establecido los servicios postal y telegráfico, si se quiere, antes desconocidos; se ha dado vida material y moralmente a la prensa; se ha fomentado la industria, la agricultura y el comercio; se ha respetado la propiedad, suprimiendo en absoluto las contribuciones forzosas y los servicios personales forzados, y sin remuneración; se ha vigorizado la acción del poder público con una sólida y eficaz organización militar: se han creado por doquiera hábitos de trabajo; y, sobre todo, se ha conservado, con la mayor solicitud, el bien inestimable de la paz. Tan grandes beneficios no provienen de que hayan cambiado, como por ensalmo, las condiciones sociales y económicas del país pues en el fondo conserva las mismas de otras épocas, con pequeñas diferencias de accidente: tampoco pueden ser el resultado de la casualidad, porque esta nada vale, nada significa para quien, de un modo serio, piensa y reflexiona. Nuestra situación actual, relativamente bonancible, es el resultado de un distinto criterio en política y en administración, de un criterio que, en política, ha conciliado la rectitud con la previsión y la prudencia, y, en administración, los intereses del Estado con los intereses individuales. Casi por incidencia he tocado estos puntos, que estoy seguro de que un publicista o un economista os los presentaría, de una manera evidente, aun en sus menores detalles.

En otra época hubo proyectos para establecer la enseñanza de la Medicina, de esa ciencia bienhechora que menoscaba nuestro gran patrimonio de dolores y pesares. Pero tales proyectos escolaron porque se carecía de profesores, y de un hospital en donde las clases de Clínica hiciesen factibles los estudios médicos. Hoy, por fortuna, contamos con hábiles profesores nacionales y extranjeros, y está para abrirse el Hospital general en donde podrán hacerse los estudios prácticos correspondientes a la Clínica médica y a la Clínica quirúrgica. Tomando en cuenta estos elementos, el Código ha establecido la facultad de Medicina y Cirugía, y reglamentado su enseñanza teórica y práctica. El ramo de Farmacia debiera constituirse como subordinado a una facultad especial; pero, para ello, carecemos por ahora, de elementos, así es que los estudios farmacéuticos están reglamentados en calidad de dependientes de la facultad de Medicina y Cirugía.

El establecimiento de la facultad de Medicina, además de los frutos que dará por su enseñanza, formando nuevos médicos y cirujanos, satisfará la ingente necesidad que el país experimenta de que se regularicen los servicios médicos y farmacéuticos, tanto en sus relaciones puramente individuales, como en sus relaciones con los poderes públicos. Sin las luces que dan la Jurisprudencia médica y la medicina legal a los legisladores y a los tribunales, estos tienen, en muchos casos, que andar a ciegas, en menoscabo de la moral, de la justicia y del derecho.

La facultad de Ciencias es la última de que debo ocuparme, última en mi exposición, pero tal vez la primera en importancia. Los conocimientos físico–matemáticos tienen hoy predominio en el mundo, y no sin motivo, pues a ellos se deben los maravillosos adelantamientos de la industria, de la agricultura y del comercio, y el acrecentamiento del bienestar de las naciones. No vacilo en decir que los conocimientos físico–matemáticos forman el nervio más activo de la moderna civilización. Urge, pues, que entre nosotros haya una verdadera enseñanza de las ciencias del cálculo y de las ciencias físicas. El Código, atendiendo a esta necesidad, ha reglamentado ampliamente los estudios de ingeniería, y además los estudios necesarios para la formación de peritos mineros, peritos químicos, peritos constructores, peritos agrónomos &. Estas profesiones nos interesan de un modo especialísimo. Vivimos abrumados por una naturaleza tan rica y grandiosa como áspera y salvaje. Para realizar el progreso, que es nuestro bien, tenemos que luchar con las materiales dificultades que nos opone: para esa ruda lucha necesitamos fuerza y ardimiento, y estos elementos de poder sólo pueden dárnoslos las ciencias físicas y matemáticas. Ojalá, señores, que en esta tierra tan removida por sangrientas y criminales luchas de hermanos contra hermanos, que en esta tierra que ha absorbido tanta sangre y tantas lágrimas, solo nos sea dado ver la lucha tenaz del hombre contra la naturaleza, la lucha ciclópea del trabajo fecundo; y que en premio de tan noble afán, de batalla tan legítima, veamos en las cimas de nuestras colosales montañas, y en las superficies de nuestros anchusos valles, las palmas y coronas de la civilización! (Prolongados aplausos.)

No figura en el Código de la organización de la facultad de Filosofía y Letras y de Ciencias eclesiásticas. Que no se extrañe este vacío. El país, por ahora, no necesita para los estudios filosóficos y literarios de una facultad especial: basta que tales estudios se hagan elementalmente en los Colegios de segunda enseñanza. El aprendizaje superior de la filosofía y de las letras corresponde a países cuyo desarrollo material e intelectual reclama grandes estudios clásicos. Honduras no está en este caso. Debemos, por lo mismo, concentrar nuestros recursos y nuestros esfuerzos a organizar la enseñanza facultativa en relación con las condiciones de existencia y de inmediato progreso del país, en relación con sus necesidades más ingentes y palmarias. Respecto a los estudios eclesiásticos, aparte de que la instrucción debe ser laica, hay además una razón fundamental para que el Código no los prohíje y reglamente. Respetables y muy respetables son los dogmas y enseñanzas de las religiones positivas, y de mí sé decir que tengo un particular respeto por los dogmas y enseñanzas de la religión de mis mayores. Pero el respeto no forma para mí una convicción científica. Donde preside la fe, no puede presidir el libre raciocinio, que es el alma de la ciencia. Y como los estudios eclesiásticos, directa o indirectamente, están subordinados al dogma impuesto por la fe, no por la razón, de aquí proviene que tales estudios, en rigor filosófico, no pueden ser científicos. Solo en un sentido vulgar, y más por acatamiento a la costumbre, puede hablarse de ciencias eclesiásticas, pero en realidad éstas no existen, si es que a la palabra ciencia ha de dársele su genuina significación. El Código, pues, no sólo en observancia de nuestra Ley fundamental, sino también en observancia de principios científicos, no ha podido ni debido ocuparse en organizar y reglamentar estudios eclesiásticos.

Se ha adoptado el sistema de que todos los estudios profesionales terminen por las licenciaturas, estableciendo y reglamentando los doctorados como grados distintos y superiores, para cuya obtención se requieren más extensos y profundos estudios. Se ha querido que el título de Doctor corresponda únicamente a quienes, con nuevos y especiales estudios, puedan profundizar la filosofía de un determinado grupo de ciencias, y ser eruditos en la historia de sus desarrollos y aplicaciones.

El Código, para hacer más fecundos los resultados de los estudios profesionales, y como un medio de conservación de las ciencias y de las letras, y de estímulo para sus progresos, ha creado una Academia científico–literaria, constituida, por ahora, con el personal de la universidad, pero llamada, en breve plazo, a constituirse con la debida independencia de la Corporación universitaria.

Si necesitamos de Universidades, de corporaciones puramente docentes, también necesitamos de una alta Corporación conservadora de las ciencias y de las letras, y a la vez, llamada a dar impulso al movimiento científico–literario, a difundir las ideas científicas formadas en el país o fuera del país, y a honrar, en todo sentido, la dignidad de las ciencias y de las letras.

Mucho, muchísimo, puede hacer la Academia en pro de nuestro adelantamiento intelectual; pero, supuesto el caso de que con sus trabajos sólo pudiera publicar el periódico científico y literario que le corresponde establecer, con esto haría bastante. Las ciencias y las letras carecen entre nosotros de un órgano de publicidad; de aquí dimana que la generalidad de nuestra sociedad, tan necesitada de luces, sabe lo que ha hecho la Comuna de París, pero no sabe lo que ha hecho el Instituto de Francia; sabe lo que ha hecho Alemania en la guerra con los franceses, pero no sabe lo que ha hecho en el mundo con su profunda filosofía y su rica literatura; sabe lo que ha hecho el carlismo en España, pero no sabe lo que ha hecho la Academia Española; sabe lo que han hecho las huelgas en Inglaterra, pero no sabe lo que han pensado y escrito S. Mill, Gladstone y Bright; sabe lo que hacen los nihilistas en Rusia, pero no sabe lo que han dicho los publicistas y literatos rusos; conoce el horrible crimen cometido por Guitean, pero no conoce la vida ejemplar del eminente ciudadano Mr. Garfield; y sin ir tan lejos, conoce todos los nombres y todas las correrías de los desmoralizados caudillos de Centro–América, pero apenas si conoce los nombres de José del Valle y de Dionisio de Herrera, de Antonio J. de Irizarri, de José Milla y de Lorenzo Montúfar, de Antonio Grimaldi y de Darío González, de Máximo Jerez, de Enrique Guzmán y de Adán Cárdenas, de tantos y tan distinguidos ciudadanos que han honrado á Centro–América cultivando las ciencias o las letras. (Grandes aplausos.)

También ha atendido el Código a la completa organización de la Biblioteca Nacional, y ha prevenido el establecimiento de bibliotecas en las escuelas, colegios y universidades. Estimular y favorecer la inclinación a la lectura, poner al alcance del público, y especialmente de la juventud, la mayor suma posible de libros instructivos es uno de los medios más idóneos para acrecentar el progreso intelectual de un pueblo. El libro, y no la espada, es el único que entre nosotros debe hacer revoluciones; pero revoluciones en la esfera de la inteligencia, pero revoluciones que den la vida y no la muerte, pero revoluciones que hagan brotar la luz de las ideas, en vez de sumirnos en el horrible caos de la anarquía. (Aplausos.)

¡Qué grandes y fecundas trascendencias tendrán, en lo social y en lo político, el desarrollo de la instrucción pública, el cultivo y progreso de las ciencias.

La ciencia nos dará riqueza, bienestar para nuestros pueblos. La ciencia es un agente invisible, pero el más necesario y poderoso elemento de producción. Los pueblos que saben tienen de ser muy productores y muy ricos. Que la instrucción se difunda, y de las profundidades de nuestras montañas, de las superficies de nuestros valles, de las espesuras de nuestros bosques, y de los senos de nuestros mares, de todo lo que hoy hace improductible la ignorancia, saldrán innumerables tesoros, saldrá la satisfacción de todas las necesidades individuales y públicas.

La historia de la producción de las riquezas es la historia de las ciencias. Reflexionadlo bien: la ignorancia nos tendrá en perpetuo estado de pobreza y de miseria.

Nuestros pueblos se moralizarán, en gran manera, á virtud de la ciencia. Los pueblos instruidos, los pueblos que tienen un claro conocimiento de sus derechos y deberes, y de sus particulares intereses, no encuentran atractivo en la voz de las pasiones: para ellos la torpe seducción que conduce al mal, no es posible. Si el caudillaje ha medrado entre nosotros, si ha campeado orgulloso y terrible, ha sido porque se ha aliado estrechamente con la ignorancia. Y si no, fijaos en la táctica del caudillaje. Donde primero busca prosélitos no es en las ciudades y villas en donde hay alguna ilustración; no, primeramente busca asociados en las rancherías salvajes, después en los incultos caseríos, y la montaña inaccesible es el primer teatro de sus operaciones. Poned al caudillaje en un pueblo instruido, y equivaldrá a poner un pez fuera del agua, un ave fuera del aire. Trasplantad con la imaginación el caudillaje centro–americano a los Estados Unidos de América; suponedle, si queréis, todas las facultades de la elocuencia para persuadir; suponedle, si queréis, millones de pesos para comprar adeptos. Aun con todo esto, el pueblo norte–americano no barrerería sus instituciones, no se entregaría a la matanza, no arruinaría su industria y su comercio entregándose al pillaje. ¿Sabéis qué haría aquel pueblo instruido y sensato con nuestros amotinadores de antaño? Los lincharía! (Prolongados aplausos.)

Capacidad política, capacidad administrativa, de que tanto necesitamos, nos serán dadas por la ciencia, y esta hará que esas capacidades ocupen el puesto que deben tener. La ignorancia hace que los pueblos desdeñen la luz, y tan sacrílego desdén ha costado a Centro–América más de medio siglo de oscurantismo, de revueltas desastrosas, de humillaciones, de lágrimas y sangre. Todo esto porque el talento y la ciencia han estado como en entredicho. Se prescindió del sabio del Valle, para venir a parar en Arce; se prescindió del ilustre Galvez, para venir a parar en Carrera; se prescindió del político Ferrera, para venir a parar en Chavez; se prescindió del patriota Vasconcelos, para venir a parar en Malespín; se prescindió del pensador Jerez, para venir a parar en Martínez; se prescindió del instruido Alvarado, para venir a parar en un Medina. Se tuvo la luz al alcance de la mano, y se le hizo a un lado, pretendiendo apagarla con un soplo desdeñoso, y después se entró de lleno en las tinieblas. Estas son las monstruosidades de la ignorancia que nos han colmado de desgracias y de oprobios: estas son las monstruosidades que aún nos abaten, y que nos prometen ¡ay! como frutos de maldición, dilatadas y terribles expiaciones! ......

Por fortuna estamos en una época de rectificación. Rectifiquemos. Se gobierna, no con intrigas; se gobierna, con ideas: se administra, no con caprichos y pasiones; se administra, con conocimientos prácticos. El Gobierno es una ciencia; la administración es una experiencia científica. Estas verdades tan elementales no se han tomado en cuenta. Cualquiera se ha creído muy apto para gobernar a los pueblos, y estos a cualquiera han creído capaz para que los gobierne. Y sin embargo, nada más errado, y hasta ridículo. Voy a evidenciarlo con un ejemplo, cuya vulgaridad me perdonareis. Si en épocas pasadas, a individuos que tomaron parte en alguna escaramuza militar, o que hojearon las Siete partidas y las instituciones del Paborde Sala, se les hubiera propuesto el cargo de jefes de los barberos de muletos, oficio sencillísimo, habrían respondido, ya alelados, ya indignados: "¿Y qué sabemos de eso?" Pero cuando se les ha ofrecido el cargo dificilísimo de gobernar a los hombres, que requiere inmensa suma de conocimientos, y que atrae inmensa responsabilidad, entonces se han apresurado a declararse sobresalientes para ejercer el Gobierno; se han apresurado a halagar malas pasiones para formarse una aureola de falsos prestigios, a falta de la verdadera aureola de las ideas. ¿Qué es esto, Señores? ¿Se puede ignorar lo que es facilísimo, y saber lo que es muy difícil? ¿Hay ciencia infusa en materia de Gobierno? O en fin, ¿Se ha perdido el sentido común? No; ni hay ciencia infusa, ni el sentido común se ha perdido. Sólo ha habido un largo eclipse intelectual, puesto que rectificamos. Rectifiquemos, por última vez: el Gobierno es ciencia; la administración es una experiencia científica. Ojalá que estas verdades no se echen en olvido!

La ciencia, en fin, nos enseñará a ser justos. La ignorancia, por lo común acompañada de siniestras pasiones, no deja ver y apreciar los beneficios que reciben los pueblos, ni deja ver y apreciar todas las consecuencias de los males que se les causan. Cuando falta instrucción, se goza de un bien, y ni se estima su origen ni las felicidades que proporciona; se sufre un mal, y no se investiga su causa, y no se prevén todos sus adversos resultados. La ignorancia no tiene ni bendiciones que alienten, ni maldiciones que intimiden y refrenen. Los pueblos sin educación casi son indiferentes al bien o al mal: tristísimo estado que casi, casi es el estado de nuestra sociedad. Desde el 63 se empezó a desgarrar hasta las entrañas de la patria, y sin embargo casi nadie para mientes en los martirios de nuestro desgraciado pueblo, por muchos años, desangrando, empobrecido, deshonrado, y en plena escuela de corrupción. No se hace justicia á estado tan degradante y calamitoso, porque faltan los hábitos de reflexión que sólo da la ciencia. Desde el 76 se ha dado vida a la patria, se han curado sus horribles heridas que parecían mortales, se le ha dado paz, justicia y progreso. Y sin embargo, para la pasión o para la ignorancia, tan sumo bien parece cosa baladí, cualquiera cosa, que cualquiera puede hacer sin grandes trabajos reflexivos, sin esfuerzos, sin abnegación, sin sacrificios. No me extraño ni me duelo profundamente de que falte justicia. Desde niño he aprendido a conocer los hombres, las sociedades y las cosas, y sé muy bien lo que es el vulgo: sé que para cualquier geógrafo de villorrio el genio de Galileo hizo el descubrimiento más vulgar, descubriendo el movimiento de nuestro planeta: sé que para cualquier mareante que hace el cabotaje, el genio de Colón hizo el descubrimiento de un simple al descubrir la ruta de este Nuevo Mundo: sé que para cualquier matemático de escuela de aldea, el genio de Newton hizo un descubrimiento despreciable, cuando descubrió las leyes de la atracción. Cuando las cosas están hechas, cuando se goza ya de un bien positivo, las cosas aparecen sencillísimas, y el bien, beneficio que cualquiera puede proporcionar. Entonces un patán puede encararse al genio, y reírse de él. En buen hora; dadle al patán el encargo de descubrir verdades y de hacer el bien, y entonces tendréis, en vez de luz, oscuridad, y en vez de bienes, inmensa cosecha de males. Pero así es el vulgo, dejaría de serlo si no raciocinara como raciocina. Mas entre nosotros la educación, la ciencia, nos sacará del terreno vulgar, que es el campo de la ingratitud, y nos hará justicieros para condenar, en todo y por todo, los males que recibamos, y para apreciar y bendecir, siempre y por siempre, los beneficios que labren nuestra dicha, nuestra prosperidad y nuestra honra. (Aplausos.)

Cuando la ciencia haya dado entre nosotros, siquiera sea sus primeros y benéficos resultados, estaremos en aptitud de recibir el verbo de una grande y poderosa civilización. Y me limito a hablar de aptitudes, porque no me hago la ilusión de creer que, por nuestra propia virtud, aunque mucho se eduquen nuestros pueblos, podremos alcanzar una radical transformación que entrañe grandiosos progresos. La ciencia resuelve para nosotros gran parte del problema, no todo nuestro problema. Con nuestro grande y escabroso territorio, y con nuestra diminuta, insignificante población, aunque lográramos ser, si posible fuera, tan emprendedores como los fenicios, tan filósofos y artistas como los helenos, tan sabedores del derecho y de la elocuencia como los romanos, tan hidalgos e independientes como los españoles, tan espirituales y cultos como los franceses, tan pensadores y poéticos como los alemanes, tan dulcemente inspirados como los italianos, y tan positivistas como los ingleses y norte–americanos; aun con todas estas cualidades, que sólo pueden reunirse idealmente, dada nuestra escasa población, sólo podríamos vivir en paz y tener una refinada pero muy relativa cultura, mas no poseer una grande y poderosa civilización. La ciencia ha de prepararnos para este resultado; pero, para obtenerlo por completo, necesitamos que vengan a nuestro suelo grandes corrientes de inmigración que traigan, con nuevos pobladores, el espíritu de empresa y el espíritu de libertad que han formado ese pueblo–prodigio que se llama ESTADOS UNIDOS DE AMERICA. Cuando aparto la vista de nuestras pequeñeces, y busco un consuelo en los estudios históricos, y en los estudios de los distintos probables de nuestra América, se presenta ante mi mente la imagen viva de los dos pueblos más grandes de la tierra: Roma y los Estados Unidos. ¡Qué admirable paralelo! Roma que realizó la unidad del mundo, por la más heroica de las conquistas: los Estados Unidos que harán universal el imperio de la libertad, por la más santa de las enseñanzas. Roma que, con su vasta legislación, hizo extensivo el derecho a todas las naciones, pero el derecho autoritario: los Estados Unidos que, con el ejemplo de sus instituciones, harán partícipes del derecho a todos los pueblos, pero del derecho indestructible de la naturaleza. Roma que llevó a su centro, como a un eterno conservatorio, en fuerza de una centralización absoluta, todos.

9 798892 676175